读万卷书行万里路

现代企业
财务治理结构论

——以财权为基础的财务理论研究

伍中信 著

中国财政经济出版社

现代企业财务治理结构论

——以财权为基础的财务理论研究

◆伍中信　著◆

中国财政经济出版社

图书在版编目（CIP）数据

现代企业财务治理结构论——以财权为基础的财务理论研究/伍中信著．—北京：中国财政经济出版社，2010.1

ISBN 978-7-5095-1846-5

Ⅰ．现… Ⅱ．伍… Ⅲ．企业管理：财务管理-研究 Ⅳ．F275

中国版本图书馆 CIP 数据核字（2009）第 181880 号

责任编辑：樊清玉　　责任校对：张全录

封面设计：郁　佳　　版式设计：董生萍

中国财政经济出版社出版

URL：http：//ckfz.cfeph.cn

E-mail：ckfz @ cfeph.cn

社址：北京市海淀区阜成路甲 28 号　邮政编码：100142

发行处电话：88190406　财经书店电话：64033436

北京富生印刷厂印刷　各地新华书店经销

880×1230 毫米　32 开　7.875 印张　200 000 字

2010 年 1 月第 1 版　2010 年 1 月北京第 1 次印刷

定价：20.00 元

ISBN 978-7-5095-1846-5/F·1546

（图书出现印装问题，本社负责调换）

本社质量投诉电话：010-88190744

序（一）

《现代企业财务治理结构论》是伍中信同志潜心研究现代经济学理论和财务理论后奉献给读者的一部力作，这是继其《现代财务经济导论——产权、信息与社会资本分析》后关于财务经济理论的又一重要学术专著。

作者学术视野广阔，匠心独具，锐意开拓，在充分掌握20世纪财务理论的基础上，改变传统财务理论以数量研究为核心、就财务论财务的特点，强调财务理论的非数量研究，将现代经济学理论融入财务理论研究中，以“财权”为研究主线，沿着价值与权力相结合的思路对财务基本理论进行系统研究，构建了一个以财权为核心的全新的现代财务理论体系。作者从财权是财务研究的逻辑起点入手，分析了财权流作为财务本质理论的合理性，提出了财务主体的经济性（价值性）和财权独立性两大标准，认为企业价值最大化与相关者利益最大化是从价值与权力两个不同侧面对财务目标的准确表述，并从价值和权力两方面指出资源配置与财权配置是现代财务的基本职能。该套财务理论体系既继承了以往财权理论之精髓，又融合了财务理论研究的最新发展。更难能可贵的是，该理论体系独特的研究思路、系统的研究方法以及一系列的理论创新都带有深远的启发意义。它的提出，犹如空谷足音，寓意深邃，为财务理论研究开辟了一片崭新的天地，让人读来赏心悦目，耳目一新。

作者在以“财权”为核心的财务理论体系的基础上，进一步提出了财务治理的概念，并认为财务治理是企业治理的核心和重要组成部分，而财务治理结构又是财务治理的核心和表现方式。这一结论准确无误地指出了财务治理结构在企业中的核心地位，为以后的财务治理研究与运用指明了方向。作者独具慧眼，敏锐地感觉到目前理论界缺乏系统财务治理理论体系。因而，在论述财务治理结构基本要素的基础上，及时构建了一个以财权配置为核心，以融资结构为基础，以财务激励与约束机制为内核的财务治理结构研究体系。与此同时，作者进一步指出财务决策权是财务治理权、财权配置乃至企业财务治理结构的核心。这一整套理论体系的提出，在财务理论发展上，是又一重大创新，势必将成为以后财务治理研究的基础，并且在我国公司治理不尽理想的情况下提出该理论，具有非同寻常的现实意义，为进一步发展、规范和完善我国资本市场的运作提供了独特的理论依据和有力的方法支持。

作者经济学理论功底深厚，纵观全书，理论经济学在财务理论中表现得淋漓尽致，这种研究趋势立足财务经济学研究的前沿，与西方财务经济学一脉相承而又与时俱进，对我国的财务理论研究具有重要的学术指导价值。更为重要的是，作者不仅仅进行了理论上的创新，还在广泛深入地进行实地调查研究的基础上，将理论运用于实践，用理论诠释并指导实际问题，旨在建立一套以“财权”为基础的现代财务理论体系和运作体系，创建一套与企业治理结构相匹配的“财务治理结构”框架。无论从广度还是深度上，本书都独树一帜，取得了开拓性的成果，将为进一步解决目前国有企业中的难点问题和进一步完善我国资本市场的运作手段产生积极的效用。

全书共分为两篇，上篇为基础理论，下篇为理论发展，两篇既可独立成篇，又前后呼应，浑然一体，进而印证了作者深厚的理论功底与较强的实践运用能力。这样，其研究成果不仅具有深远的理论意义，还具有重要的现实意义。毫无疑问，该书将成为目前财务理论界的一本代表之作。因此，本人乐于为其作序。

郭道扬

2009 年 8 月

序（二）

本书是伍中信教授十年来在财务理论领域研究中的结晶。作者长期致力于财务学基础理论研究，为构建富有特色和时代气息的财务理论体系付出了不懈的努力。

从 1930 年以来，西方的公司财务理论取得了一系列丰硕成果，而对于财务理论的应用与方法的总结更形成了财务管理这样一门独立学科。遗憾的是，对于整个财务基础理论体系的研究依然凤毛麟角，使得麦金森在总结西方财务理论时只能以 12 个里程碑的方式来概括财务学在各个方面的研究成果，而无法勾勒一个完整的、一脉相承的财务理论体系框架。中国财务理论研究在经济改革开放以来取得了丰硕的成果，但人们对财务学的研究对象、本质特征依然存在不少分歧，有待于深入探讨。本书作者将财务的本质定义为“财权流”，沿着“财力流”和“权力流”两条线索对财务研究起点、财务本质、财务主体、财务目标、财务职能等财务基本理论问题进行了系统的阐述，构建了一个令人耳目一新的财务理论体系，对推进财务基础理论研究作出了贡献。

值得高兴的是，作者并未止步于构建一个基本的财务理论体系框架，而是在马克思经济理论指导下，借鉴新制度经济学与西方新财务思想，重视制度与资本结构在财务学研究中的重要作用，将财务理论研究的视角投向公司治理，较系统地提出了财务治理结构的概念和理论体系，开拓了财务治理理论研究的新领域。作者从现代财务基本职能的角度将现代财务区分为财务管理与财务治理两大既相联系又相区别的领域，认为前者的职能是资源配置，是从价值方面进行考察的，而后者的职能是财权配置，着重的是价值运动中权力的配置。现有的公司财务理论构建于传统的古典企业理论基础之上，着重于企业技术经济特征的研究，基本上是一种价值管理理论，而本书研究的财务治理理论则着重企业产权契约的关系特征的研究，强调现代公司制企业的财权配置问题。在长期的企业制度变迁过程中，公司制企业的所有权与经营权产生了分离，带来了一系列的公司治理问题。两权分离框架下的公司治理本身主要是解决公司高层经理和股东之间的委托代理问题，从而保护投资者利益。作者提出财务治理是公司治理的重要内容和主要方面，财务治理理论主要是研究如何通过财权在公司内部的合理配置，形成一组联系各利益相关主体的正式和非正式的制度安排，以期达到维护投资者利益的根本目的。这一理论观点对于加强中国上市公司的财务治理，使上市公司财权的配置能真正起到对投资者利益的保护作用，改变财务舞弊和大肆圈钱等损害投资者利益的现象具有重要的现实意义。

全书始终以“财权流”为主要逻辑线索，不仅构建了一个逻辑严密的财务理论体系的基本框架，还探讨了一个包含财务治理主体、治理客体、治理中心、治理模式、治理目标的财务治理结构理论体系。可以说本书是一个兼具完整性与创新性、理论性与现实性的财务理论研究成果。当然，学术界关于财务本质，对象职能、主体、目标，财务管理与财务治理的基础理论，应用理论和发展理论的研究还任重道远，需要广大学者共同努力。我坚信通过像伍中信教授这样的一代又一代中青年学者的不懈努力，中国财务理论一定能在世界人类财务理论宝库中占据重要地位。

郭复初

2009年于成都光华园

目　录

第一章

导　言

第一节 研究背景及评述

一、从数量层面研究财务问题

（一）以资金——价值研究为核心的研究体系一直围绕“数量化的价值运动”而展开

在我国财务理论研究发展过程中，主要经历了货币收支活动论、货币关系论、资金运动论、收益分配论和本金运动论等几种观点。纵观这些财务理论观点，我们可以归纳出几种不同的财务核心概念，即货币、资金和本金。货币收支活动论和货币关系论以“货币”为其研究核心，货币收支活动论认为，“财务是客观存在于企业生产经营过程中的货币资金运动”，把财务活动的主要内容归结为货币的收支；而货币关系论则认为，“企业和经济部门财务按其本质来说，就是客观存在于生产经营中的货币关系体系”，把在货币资金形成、分配与利用的基础上产生的广泛的货币关系体系规定为财务核心内容。资金运动论和收益分配论均以“资金”作为财务的核心概念，资金运动论认为财务实际上就是对资金的筹集、使用、耗费、收入与分配及其在资金运动过程中体现的经济关系，“资金”概念作为一根主线贯穿于整个财务活动与财务关系中。收益分配论认为财务的实质是分配问题，而分配的对象也是指企业的财务资金，财务是对资金的分配活动。本金运动论则以“本金”作为财务的基本元素，认为财务实质上是本金的投入和收益活动。从这三个核心概念来看，资金相对于货币、本金相对于资金有其一定的合理性。从货币概念扩展到资金概念，符合我国财务活动的实践，有利于在企业组织全面的财务管理；从资金到本金，有助于区别财务资金与财政、保险、保障等资金。但无论是货币、资金还是本金，有一个共同点即都是“物的价值表现”，都是从数量方面说明财务的本质。另外，以预算管理为重点的企业内部财务管理，虽然以预算为其研究核心，但其内容也是对企业资金或货币进行管理，只不过改变了其管理方式，还是以预算的形式对企业的财务资源进行管理，没有跳出数量研究的圈子，依然停留在财务指标或数字对企业效益影响的研究上。

（二）受经济学研究的影响，注重量化研究

古典经济学自其产生以来就以生产函数为研究核心，描述在特定的生产技术状况下，生产要素的投入量与产品的最大产出量

之间的物质数量关系。投入与产出均以数量表示，力求以最少的投入获取最大的产出。受这种数量关系分析的影响，传统的财务理论研究也侧重于从数量方面进行研究。比如对企业价值的研究，把大量的精力放在企业价值数量的确定上，力图求证企业价值最大时的具体数值，并得出了几种不同的定价方法：市场定价、投资定价和现金流量定价。这些定价理论虽然大大丰富了财务理论与实务，但只是从定量的方面论证企业价值、从技术层面考虑企业价值，而从定性方面、制度层面对企业价值进行研究的比较少。但我们知道，企业价值不只是一个数量问题，更重要的是该数量背后所反映的本质内容。企业价值的具体数字只是财务在某一方面的表面现象，在这一表面现象背后反映的是各产权利益主体对该价值的要求权。传统的财务研究只重视企业价值的具体定价问题而忽视其所反映的深刻本质，显然是不恰当的。另外，分析企业价值的影响因素时往往也只是从技术方面对其分析，比如现金流量的大小、资本成本的高低等，对制度因素考虑的很少，但现实中制度因素对企业价值也有很大的影响，比如代理问题的存在就必然会减损企业价值，这是因为：第一，为妥善处置代理冲突，势必发生一些代理成本，如为监督管理者行为而发生的费用、为健全管理机构而发生的费用等。这些代理成本必然成为企业价值的抵减因素，即代理成本越大，企业价值越小。第二，由于管理者的行为受到所有者的监控，可能导致管理效率的下降，从而降低企业价值。所以为使企业价值最大不能仅从技术方面考虑，同时也要考虑制度因素，而且制度往往更为重要，因为技术因素需要由制度来保障。所以，应该在增加现金流量、降低资本成本的基础上，在公司法人治理结构、管理绩效激励机制等方面设计出一套科学的方案，使管理者利益、投资者利益与企业价值最大化之间实现最大程度的协调和统一，消除一切不利于企业价值提高的行为，促进企业价值最大化。

早期的资本结构理论研究也大多围绕最佳资本结构的确定而展开，以数量研究为重点。比如净收入理论认为企业增加负债、提高财务杠杆度，可增加企业的市场价值，因此企业的最佳资本结构是负债率100%；净营业收入理论论证了企业不存在最佳资本结构问题；传统理论认为某种负债率低于100%的资本结构可以使企业价值最大；无企业税的MM模型的基本结论是：由于套利因素的存在，企业的资本结构不会影响企业的价值和资本成本，因此不存在最佳资本结构；有企业税的MM模型的基本结论是：负债杠杆对企业价值和资本成本确实有影响，当企业负债率达到100%时，企业价值就会最大，而资本成本最小，即负债率100%时资本结构最佳；静态均衡理论认为：企业在建立最佳资本结构时，必须审慎地权衡借债所带来的税收优惠和举债而产生的财务危机成本和代理成本。所有这些理论的共同目标是从数量方面求证最佳资本结构点，而忽视了资本结构在权利安排、产权安排和治理结构方面的作用，而这一点的意义也许比前者更大。虽然近年来的研究稍偏离了对最佳资本结构点的求证，从激励理论、示意理论和控制权理论等非数量方面进行了一系列的研究，但其主流仍在最佳资本结构的确定即求证它与企业价值关系上。

二、着重研究人与物的关系，不注重研究人与人的关系

（一）从经济学研究重心谈起

首先，经济学的研究从研究人与物之间的关系转向人与人之间关系的研究。早期的经济学主要研究人与物、人与自然的关

系，比如亚当·斯密在其《国富论》中提出，财富的增长，第一靠劳动的效率，或者说劳动生产力，第二靠劳动的数量；萨伊在其《政治经济学概论》中指出，生产出来的价值都是归因于劳动、资本和自然力这三者的作用；李斯特在其《政治经济学的国民体系》中提出了生产力理论，等等。这些经济学家都认为财富的增加取决于生产力的大小，而生产力是反映人与自然的关系和各种生产资料结合方式的自然技术属性的经济范畴，所以这些研究都是强调人对物、人对自然的利用，从人对物、人对自然的利用中获取财富。纵观亚当·斯密以来的除历史学派和制度学派以外的其他学派，在考察社会与经济运行中涉及生产交换分配和消费等方面的一些规律时，总是把涉及生产关系和上层建筑的众多因素作为既定的前提，专门考察一个社会的各种既定资源在经济行为合乎理性这一前提下，在客观的市场机制的强制作用下，将被用来生产哪些产品，每种产品的产销数量以及这些生产成果按照什么规律被分配给社会成员。这是一种纯经济的分析方法，它抽象掉了影响社会经济运行的制度的、结构的和精神的众多因素。而我们认为，生产力水平只是影响财富增加的一个方面，生产关系等制度因素也是不可忽视的方面，当今流行的制度经济学派就是主要从生产关系角度来研究财富的增加。另外，经济学界对于商品、价值、资本等经济范畴的看法也发生了转变，李嘉图在其劳动价值论中把商品、价值和资本看作就是某种实在物质，表示人们对这种物质的各种关系，而在马克思主义者看来，商品、价值、资本等概念并不仅仅是指某种实在的物质，而是反映一定社会形式或生产关系的物质，例如，并不是任何有用的劳动产品都是商品，只有用于交换的因而反映了各个生产者之间的一定社会联系的有用的劳动产品才是商品；资本不是物，而是体现在物的外壳下的反映人与人之间关系的一种社会形式。

经济学中的企业理论研究重点也由“生产函数”转向“交易费用”。新古典企业理论不是把企业看作一种组织，而是看作一个可行的生产计划集。它主要从技术角度看待企业，运用边际分析的方法把企业当成行为方式的形式与消费者完全一致的生产者来研究。在这个理论中，企业由企业家即所有者兼经营者管理，他们拥有两种权利：生产计划选择权和利润索取权，他们的行为问题，被简单地抽象成在技术市场和经济条件约束下作出使利润最大化或成本最小化的生产计划（即确定最佳的投入和产出水平）。该理论在一般意义上强调技术的作用，在特定意义上强调规模收益和范围收益为企业规模和范围的重要决策因素，是有积极意义的，但与此同时，这个理论也有几个严重的缺陷。第一，它完全忽略了企业内部的激励问题。企业被看作是一个完全有效的“黑匣子”，在它内部，任何东西都在十分顺利地运行着，每个人都在做着指定给他的工作。但实际上，对任何现实的企业即使只瞥上一眼就能知道这是不现实的。第二，它在关注价格体系的时候，忽略了市场，或者说忽略了制约交换过程的制度安排，忽略了交易相关的对贸易条件讨价还价的费用，而正如经济学所表明的那样，如果没有适当的制度，任何意义的市场经济都是不可能的。第三，这个理论丝毫没有涉及企业的内部组织——它们的层级结构如何、决策如何委托、谁拥有权威等。为了克服新古典理论的不足，经济学家对激励问题、交易费用等展开了研究，作为这些研究的成果，委托代理理论、交易成本理论等便应运而生，对企业作了更丰富、更现实的描述，从而使经济学的研究重心从生产函数转移到激励问题、交易费用上来。

（二）财务研究的重心在财务活动，而忽视财务关系研究

受经济学研究的影响，财务理论研究也往往注重人与物之间

关系的研究而忽略人与人之间关系的研究，即重视财务活动而忽视财务关系。

在我国财务理论界盛行40年之久的资金运动论认为企业财务的本质是企业再生产过程中的资金运动及其所形成的经济关系。虽然它把资金运动中形成的各种经济关系也纳入到财务研究中，但从其几十年来的研究重点来看，它还是把研究资金运动放在绝对重要的核心地位，对资金运动过程及其特点进行了大量的研究，提出资金运动过程包括资金筹集、使用、耗费、收入与分配等基本环节，企业资金运动过程即是企业资金不断周转、补偿、增值和积累的统一过程，而对资金运动过程中体现的各种经济关系所花笔墨甚少，只是提出这种经济关系具体分为企业与国家之间的经济关系、企业与企业之间的经济关系、企业与其内部各部门、各单位之间的经济关系以及企业与职工之间的经济关系等四个基本方面，对这些经济关系的内涵并没有深入分析（几乎所有的《财务管理学》教科书，财务关系往往只在第一章的概论中被简单地提及）。而该理论又认为企业的资金运动实质上就是企业的财务活动，“工业企业的资金运动构成工业企业经济活动的一个独立方面，这就是工业企业的财务活动”（王庆成、李相国，1988）。所以说，资金运动论的研究重心是企业的财务活动。

王庆成等提出的资金运动论在学术界产生了广泛而深远的影响，与当时的历史条件也是相适应的。其一，计划经济时期的“资金”概念比较符合财务的范畴，财务是财政的一部分，资金也可以不必区分经济性和非经济性；其二，计划经济时期，企业没有财权，企业的一切财务活动都是在没有财权的情况下发生的，企业的财务关系主要是国家的职能部门，关系比较单一，这也是资金运动论长期合理存在的现实基础。但随着时代的发展，尤其是现代企业制度的建立，资金的经济性和非经济性很有必要区分，财务也很有从财政的职能中分离出来的必要，这样资金的外延就显得过于狭窄。同时，由于现代企业制度对产权和财权的要求，企业没有财权就无法从事正常的财务活动，财权成了现代企业财务是否存在的必要标志，因而“资金运动论”也就难以满足新形势的要求。

20 世纪 90 年代中期，我国著名的财务学家郭复初教授把财务的本质概括为本金投入与收益分配论，把“本金”作为财务资金的代名词来代替“资金”，将现代财务的研究大大地向前推进了一步，具有较大的合理性，但它仍侧重于对财务活动的描述，本金的投入与收益的取得只是财务活动表面的可感知的现象，并未直接看到其背后所反映的经济关系。因此，目前的各种财务理论过于重视对财务活动的描述，而对真正能体现财务本质的财务关系突出不够。但我们知道，企业的收益不仅可以通过合理安排财务活动取得，通过研究财务关系同样也可以为企业带来经济效益，忽视对财务关系的研究无疑是目前财务理论研究的一大缺陷。

第二节 研 究 基 础

一、西方对财权与财务治理结构的研究

西方对财权与治理结构的研究突出表现在资本结构研究中的非数量性研究上。这种研究抛开了对最佳资本结构的具体求证，从其对财权的安排和对治理结构的影响着手，提出了资本结构的

激励理论、信息传递理论和控制权理论三个非数量性研究成果。

(一) 资本结构的激励理论

该理论认为，资本结构会影响经营者的工作努力水平和其他行为选择，从而影响企业的收入流和市场价值。譬如说，当内部股东（经营者）持有的股份降低时，其工作努力程度就会降低而其在职消费就会增加，但可以在资本结构中引入负债限制其在职消费。该理论强调的是融资结构与经营者行为之间的关系。自詹森和麦克林（1976）的开创性论文之后，相当一部分研究的精力都被花在这一类模型中，比如格罗斯曼和哈特（1982）、哈里斯和雷维吾（1990）、斯达尔兹（1990）、戴蒙德（1989）、海什里弗和赛克尔（1989）。

詹森和麦克林（1976）认为，代理成本是企业所有权结构的决定因素，代理成本的存在源于经营者不是企业的完全所有者（即存在外部股权）这样一个事实。在这种情况下，经营者的努力工作可能使他承担全部成本而仅获得部分收益；同理，当他在职消费时，他得到了全部好处却只承担部分成本。其结果是经营者的工作积极性不高，热衷于追求在职消费。因此，此时企业的市场价值也就低于经营者是完全所有者时的市场价值，这两者之间的差额就是外部股权的代理成本。让经营者成为完全所有者可以解决代理成本问题，但是这又受到经营者自身财富的限制。债券融资可以突破这一限制，但是债券融资可能导致另一种代理成本，即经营者作为剩余索取者有更大的积极性去从事有较大风险的项目，因为能够获得成功的收益，并借助有限责任制度把失败的损失推给债权人。他们得出的基本结论是，均衡企业所有权结构是由股权代理成本和债权代理成本之间的平衡关系来决定的，企业的最优资本结构是使两种融资方式的边际代理成本相等从而总代理成本最小的资本结构。格罗斯曼和哈特（1982）建立了一个正式的代理模型来分析举债融资是如何缓和经理和股东之间的冲突的。他们将债务视为一种担保机制，能够促使经理多努力工作，少个人享受，并且作出更好的投资决策，从而降低由于所有权与控制权分离而产生的代理成本。因此，他们得出结论，举债融资可以被用作一种缓和股东和经理冲突的激励机制。哈里斯和雷维吾（1990）认为，经理和投资者（股东和债权人）的冲突源于对经营决策的分歧：即使在停业清算对股东更为有利的情况下，经理仍会希望继续当前的企业运营。这种冲突无法通过建立在现金流量和投资费用基础上的契约来消除。而债务则使投资者（债权人）在现金流量不佳时有权强迫企业进行停业清算，从而缓和这一问题。在斯达尔兹（1990）模型中，经理被假定为总是想把所有可以获得的资金都用于投资，即使在将现金作为股息支付给投资者是一种更好的选择时也是如此。债务可以用来减少可用于投资的现金流量，从而缓和这一矛盾。戴蒙德（1989）与海什里弗和赛克尔（1989）提出的两个模型，揭示了声誉是如何缓和企业与债权人之间的冲突的。

（二）资本结构的信息传递理论

一般来说，经营者比外部投资者掌握更多企业的经营状况的信息，只有这些信息被传递到市场上去，市场才会对企业的市场价值作出判断。在非对称信息条件下，不同的资本结构会传递有关企业真实价值的不同信号：内部人选择合适的资本结构，以增强正面的信号，避免负面的信号。

罗斯（1977）认为，给定投资水平，负债——股权比可以充当内部人有关企业收益分布的私人信息的一个信号。由于破产概率和企业的质量负相关而同负债水平正相关，所以外部投资者将把较高的负债水平视为高质量的一个信号。低质量的企业无法通过发行更多的债券来模仿高质量的企业，因为对于任何给定的负债水平，低质量的企业的边际预期破产成本较高。在利兰德和派尔的模型里，企业家知道项目的平均收益而外部投资者不知道，但企业家可以变动自己在项目中的持股比例，并把它用作一种传递有关项目质量的信号，因为市场会认为项目质量是企业家自己的所有权份额的一个函数：企业家的股份比例越高则表明项目价值也越高，从而企业的市场价值也越大。在迈尔斯和梅吉拉夫（1984）模型中，融资结构的设计是为了缓和由于信息不对称而导致的企业投资决策的无效率。他们认为，由于逆向选择，股权融资被认为是个坏消息，因为发行股票的消息一经宣布，企业现有股票的市场价值就会下降，而通过内部资金或无风险债券则不会传递任何有关企业类型的信息，从而也不影响股票的价格，因此，迈尔斯提出了“融资优序理论”（Pecking Order），即融资结构是在企业为新项目筹资的愿望的驱使下形成的，融资先通过内部资金进行，然后再通过低风险的债券，最后才不得不采用股票。

（三）资本结构的控制权理论

资本结构不仅决定企业收入的分配，而且决定企业控制权的分配。当契约不完备时，谁拥有剩余控制权谁就对企业效率有重要影响。在交易费用和契约不完备的基础上，阿洪和伯尔顿（1992）提出了一种有关财产控制权的资本结构理论。他们假定有这样两个人，一个是有资本无技术的投资者，另一个是无资本有技术的企业家，两者在市场上相遇签订了长期合约。由于企业家既追求货币报酬又追求非货币报酬（如个人声誉和在职消费），而投资者只追求货币报酬，所以双方的利益目标包含潜在的冲突。如果契约是完备的，那么契约可以化解双方的利益冲突。但是由于未来是不确定的，契约也就不可能完备，剩余控制权的分配就变得很重要。在他们的模型中有三种情况：(1) 如果融资方式是发行普通股（有投票权的股票），那么投资者掌握剩余控制权；(2) 如果融资方式是发行优先股（无投票权的股票），那么企业家拥有剩余控制权；(3) 如果融资方式是发行债券，那么在企业家能按期偿还债务的前提下，他拥有剩余控制权，否则剩余控制权便由企业家转移到投资者手中，即企业破产。这样，融资结构的选择也就是控制权在不同证券持有人之间分配的选择，最优的负债比例是在该负债水平上，企业破产时控制权能从股东转移给债权人。

二、国内对财权与财务治理结构的研究

（一）财权与财务治理结构问题的初步探索阶段

1. 刘贵生及其《财务原理论纲——财务分配论》

刘贵生在其《财务原理论纲》中指出，财务是一种分配，而分配总是与分配权联系在一起的，特定的分配权又总是掌握在特定的所有者手中，只有所有者才有可能享有分配权。资本家作为资本的所有者有权分得利息；地主作为土地的所有者有权获取地租；工人作为劳动力的所有者有权领取工资；管理者作为管理才能的所有者有权分享利润。所以，他认为财务本质上是拥有分配权的所有者对财力资源的一种分配活动，这种分配活动反映着不同所有者之间的经济利益关系。他特别强调进行财务分配首先必须享有分配权，只有拥有分配权的所有者才有权参与分配，所以他认为财务分配主体必须是掌握着财务分配权的主体。在独资

企业，企业产权与企业资产的所有权是合一的，企业所有者与经营者也没有实质的分离，因此，其财务分配的主体即是业主本身。合伙企业产权结构与独资企业产权结构大致相同，其分配主体也就是合伙企业本身或合伙人集体。而在股份公司，企业所有权与经营权分离，一方面，拥有所有权的所有者掌握着部分财务分配权，因此公司所有者集团或股东集团成为公司财务分配的主体；另一方面，企业法人财产权的形成使公司成为独立的产权主体，因而亦成为财务分配的主体。从以上对财务主体的分析可以看出，他是从财务分配权的归属来讨论财务主体问题的，强调财务分配权在财务研究中的重要地位，可以说，这是国内对财权研究的具有开创性的重要探索，为后来的财务学家探讨财权给以启发，提供思路。

2. 谢志华及其《出资者财务论》

谢志华从配合产权制度改革角度出发，认为必须建立出资者对经营者的财务约束机制，这样新形成的产权机制才能真正发挥作用。随着现代企业制度的建立和两权分离，出资者日益远离经营者，为保障出资者权益、监督经营者的财务行为，必须建立一种新的财务机制——出资者财务。出资者财务以保障出资者所有权为根本目标，即确保资本安全和资本增值。两权分离后，出资者将资本交由经营者使用，经营者是资本的直接占有、使用、处置和分配人，因而资本安全和增值就主要取决于经营者的财务管理，那么出资者要保证其目标实现便要建立一种财务激励约束机制。凡是经营者的经营行为有可能维护、增加资本权益时，都应得到必要的激励；凡是经营者的经营行为有可能损害、减少资本权益时，都应得到必要的约束。其具体内容为：（1）确定与财务责任相关的考评办法，通过奖罚建立一种激励机制，使资产经营者主动实现资本增值；（2）建立财务监督机制，对经营者的财务活动是否维护所有者权益进行监督；（3）建立财务约束机制，进行筹资约束、资产使用约束、对外投资约束、成本费用约束和资本重组的约束等，以保障经营者行为符合出资者的权益要求。谢志华对财务激励、财务约束和财务监督的研究实际上是对企业财务治理结构进行了初步探索。

3. 汤谷良及其《经营者财务论》

汤谷良认为，我们应该把企业产权机制引入企业财务理论。传统财务理论忽视了财务与产权的关系这个主题，将产权概念引入财务理论，将从多方面影响到我们对现代企业财务的理论认识。通过深入研究现代企业产权有关理论，可以使我们对企业财务产生以下符合市场经济原理的基本认识：第一，公司董事信托关系的产生是现代企业财务的存在依据。离开了出资人，法律不能凭空创造企业法人的财产，没有信托关系，企业就不能作为民事主体、拥有法人所有权和形成法人财产，也就没有企业财务可言。第二，产权关系的复杂化、多元化决定了企业财务目标的多重性。首先，由于信托责任关系，企业财务必须优先服务于原始产权，按出资人的意愿开展财务工作，把出资人的利益作为首要的财务目标；其次，既然承认法人是企业财产的所有者，企业财务目标不能只考虑出资人的追求，也必须承认企业法人能够凭借这种财产获得收益。第三，企业的财权是法人财产权的主体，也是受约束最强的法人财产权。法人财产权不外乎对法人财产的占有、支配、收益和处分的权利，而与产权资本化运动相关的财权，如筹资决策权、投资决策权、资金使用权、成本费用开支权、定价权、收益分配权等，无疑是法人财产权的核心，也是企业其他经营权的保证和前提。企业财权是由原始产权派生而又独立于原始产权的，因此，它要受到原始产权的约束，而且这种约束一般是通过《公司法》等法律来规范的。第四，产权管理是企业财务的重要内容。现代企业财务已经冲破了“资金运动”所限定的资金筹集、资金运用和资金收益分配等范围，广泛涉及财务机制、企业设立、组织体制、权力集中与分散、公司重组与清算等一系列问题。财务是一种理性活动，在财务决策的同时，不可能缺少对产权关系的调整。比如，财务结构和股利分配决策在很大程度上就是通过调整企业内部产权关系来达到某种预想的经济目标。第五，法人财产权的确立和运行是经营者财务产生的客观基础。在现代企业制度下，企业成为独立的产权主体，企业的法人代表成为法人财产权的经营者，具有财务自主权，有权独立进行财务活动，包括资金筹集、投资、使用、分配和偿还的自主权以及财务预测、财务决策的自主权，这些都是经营者财务运行必不可少的客观条件。

4. 干胜道及其《所有者财务论》

干胜道从所有权的角度研究财务，提出了所有者财务。他认为，所有者财务主要研究所有者的资本派生权力的内容及其行使方式、所有者的财务监督和财务调控等。该理论的提出出于对财权的考虑：经营权泛滥而所有权弱化。近年来，随着我国经济体制改革的不断深入，个人利益和小集团利益有所抬头，在国有资本所有者“缺位”的条件下，经营者越权决策、任意担保、滥用资产、以权谋私等现象屡见不鲜；而另一方面，在两权分离的条件下，由于信息不对称，经营者有可能损害所有者利益增加自身效用，所有者权益得不到有效保护。在这种情况下提出所有者财务，能够强化所有者财务权力和财务职能的行使，让所有者了解自身的权利和维护自身权益的方式方法。

在这一阶段，国内学者虽然对财权和财务治理结构问题进行了不懈的探索，但没有提出明确的财务治理结构等概念，也没有建立财务治理结构理论，因此这只是一个初步探索和萌芽阶段。

（二）财务治理结构理论的初步形成与发展阶段

1. 财权流理论

这是伍中信（1997）的观点。财权流理论是本金理论的进一步拓展、深化，是现代企业制度下对财务本质、财务理论的全新表述。财权流理论认为，财权表现为某一主体对财力所拥有的支配权，包括收益权、投资权、筹资权、财务决策权等权能；财权与产权是两个相近的经济学范畴，在两者交叉的领域，财权构成了产权的核心权能；财权流作为现代财务的本质表述，贯穿了财务基本理论的始末，在现代财务的理论体系中占据了核心和统驭地位。

财权流理论确立财权流作为现代财务的本质表述，阐明了财权与产权深刻的内在联系。特别是财权流理论将产权经济学思想引入到财务学之中，扩大了财务学研究的视野，从“价值”和“权力”两个角度综合考查财务理论与实践问题，显得更为系统、全面，对财务学的发展影响重大。财权流理论对财务治理结构理论发展起着重要的指导作用，也是本书研究财务治理结构问题的立足点。

2. 杨淑娥对财权与财务治理结构的研究

杨淑娥（2002）认为，公司财务治理是通过财权在利益相关者之间的分配，从而调整利益相关者在财务体制中的地位，提高公司治理效率的一系列动态制度安排。公司财务治理在公司治理中居于核心地位。尽管存在三种主要的公司治理模式，但不论采用哪种模式，只要财权得到有效配置，就能够在很大程度上保证公司治理是有效的。并根据对财务信息生成和呈报的影响力，将公司财务治理中的利益主体分为两类：第一类是依赖公司内部财务治理保障其利益的主体；第二类是依赖公司外部财务治理保障其利益的主体。第一类利益主体往往利用其在公司内部财务中的优势侵犯第二类利益主体的利益，所以加强公司外部财务治理是必要的。杨淑娥（2003）进一步认为财务治理需要从静态和动态两个角度理解：静态理解具体表现在财权配置结构和权利分布状态上；动态理解具体表现为财权配置中的相互制衡过程和激励约束机制的形成（契约的设计及再设计）、新的债权人和股东的加入（新的融资结构的形成和对现有资本结构的调整与改善）、由于扩容和收缩引致的公司治理结构的变化、由于需要适应经营发展使得公司财务集权和分权交替引起的财务治理结构的调整等。因此，公司财务治理是契约不断协调、不断冲突，而又不断耦合、不断修正的过程。杨淑娥还认为，公司财务治理主要包括财务治理主体、财务治理客体和财务治理载体等三个要素。杨淑娥的探索为财务治理结构理论的进一步研究打下了基础。

3. 财务治理结构论

近年来，国内关于财务治理结构这一概念的论述比较多，我们在提出了以“财权”为基础构建现代财务理论体系观点的基础上，在国内较早系统地提出了财务治理结构理论（伍中信，2001）。该理论认为，公司财务治理结构是公司治理结构的重要内容和主要方面，它以产权中的核心部分——财权为基本纽带，逐步确立了出资人、董事会、经理层在财权流动和分割中所处的地位和作用，体现了各主体在财权安排上相互约束、相互制衡的关系。财务治理结构是一套制度安排，用以支配若干在企业财务治理活动中有重大利害关系的团体——股东、债权人、经营者之间的关系，以期提高企业理财效益。

4. 李心合及其《利益相关者财务论》

李心合以利益相关者理论为基础，提出了利益相关者财务论。利益相关者财务论认为，历史地看，公司财务的价值导向经历了从股东利益向相关者利益的演进过程。股东利益导向型公司财务的理论基础是资本强权理论和股东利益与社会利益相统一理论，而相关者利益导向型公司财务的理论基础是共同所有权理论、托管责任理论和公司社会责任理论。利益相关者公司财务模式的基本特征是：公司财务的目标是利益相关者价值最大化，公司财务实行共同治理，员工与公司保持长期稳定的财务关系，公司财务实行分层治理和管理，公司财务控制权相机配置等。从利益相关者的角度研究财务问题，将参与财务治理的主体扩大到债权人等外部利益相关者，对研究中小股东及债权人权益保护问题有重大的现实意义；同时他所提出的财务控制权相机配置机制为研究财权配置问题提供了有益的启示。

5. 李连华对财权与财务治理结构的研究

李连华（2002）认为，财权相当于通常所说的财产权或物权，公司财权并非单纯指几项权力，其本身的含义和内容也不是几项财权所能全部覆盖和表达的，公司财权实际上是由不同层次、不同权能所构成的一个权力结构系统。李连华同时认为，要提高公司治理的效率，应转变治理理念，由强调治理主体转向重视治理客体，并提出了建立以财权配置为中心的公司治理结构思想并分析了各种财权的配置方式。

6. 张敦力对财权与财务治理结构的研究

张敦力认为，财务治理是界定与协调各利益相关主体在财权流动和分割中所处的地位和作用，最终实现各主体在财权上相互约束、相互制衡的关系，促使企业提高资源配置效率和效果的公司治理。财务治理是公司治理结构框架中存在和运行的一个重要系统，在公司治理中处于核心地位；财务治理将公司治理中委托代理治理、股东治理、经营者治理、资本结构治理等四部分有机结合在一起。

7. 衣龙新及其《财务治理理论研究》

衣龙新综合运用现代财务理论、公司治理理论、企业理论及产权经济学等学科知识，以本金在企业不同层面运动所形成的特定财务关系为研究主线，基于企业所有权安排逻辑，通过对财务治理内涵、目标等基本理论问题的研究，提出了财权配置的一般框架，初步构建了财务治理体系，并提出财务治理应包含治理结构、治理机制和治理行为规范三方面内容。衣龙新同时认为，财务治理是公司财务与公司治理的交融领域，从目的看，财务治理完善了公司财务体系；从手段看，财务治理加强了公司治理的应用性。

这一阶段国内财务理论界有关财权与财务治理结构的研究取得了显著的成果：明确提出了财权、财权配置和财务治理结构等概念，并剖析了其内涵；初步形成了财务治理结构理论，并在此基础上继续向前发展。但是国内理论界并没有完整地提出一个关于财务治理结构的理论体系，仍存在诸如缺乏系统性、可操作性等突出问题。不过，从总体上看，这些研究成果为我们进一步研究财权与财务治理结构问题铺平了道路。

第三节 基本研究框架与创新

本书以“财权”为研究的基本单元和核心，以资本市场为研究背景，以国有企业和上市公司为研究客体。全书分上、下两篇，上篇以财权理论为逻辑起点，打造了一个以财权为核心的全新的现代财务理论体系，本篇始终沿着价值与权力相结合的思路来研究财务理论体系，提出了财务研究的逻辑起点是财权，即财力+（相应）权力，分析了财权流作为财务本质理论的合理性，提出了财务主体的经济性（价值性）和财权独立性的两大标准，指出了企业价值最大化与相关者利益最大化两大财务目标是从价值与权力两个不同侧面对财务目标的准确表述，本篇最后分别从价值和权力两方面提出了资源配置与财权配置是现代财务的基本职能。

下篇是对上篇的升华，也是财权理论的理论连续。下篇在上篇财务财权配置职能的基础上，提出了财务治理的概念，认为财务治理是企业治理的核心和重要组成部分，财务治理结构又是财务治理的核心和表现方式。在财务治理结构体系中，包含着治理主体、治理客体、治理中心、治理模式、治理目标等基本要素和内容。在此基础上，我们构建了一个以财权配置为核心，以融资结构为基础，以财务激励与约束机制为内核的财务治理结构的研究体系。我们认为，财务治理权分为财务决策、控制和监督三个具体权能，是诸多财权中的一个方面，也是诸多财权配置中的权利制衡，因而财务治理权又成为财权范畴中的核心。而在财务治理权的三权中，财务治理权对财权配置的作用和影响，主要是通过财务决策权的影响来实现的，因而财务决策权就成为财务治理权、财权配置乃至企业财务治理结构的核心。该观点的提出将为划分理论界的财权范畴及财务治理范畴提供帮助。

本书前后两篇独立成篇，又相互钩稽，其中上篇是基础，下篇是理论发展，旨在建立一套以“财权”为基础的现代财务理论体系和运作体系，创建一套与企业治理结构相匹配的“财务治理结构”框架，从而为进一步解决国有企业的现实问题、热点问题和难点问题，进一步规范和完善我国资本市场的运作手段提供强有力的财务理论与方法支持，进而达到盘活整个国有经济和提高我国综合国力的目的。

本书的基本研究框架、重要观点和创新如下：

第二章，财权理论与财务本质表述。在阐述财权的涵义及分类的基础上对财权与产权、财产所有权、企业所有权进行了相关辨析，认为独立财权的确立是现代企业财务区别于传统财务的根本标志，从而确立了财权是现代财务的核心概念。我们认为，财务理论研究应从分析“本金”及其运动规律开始，“财权起点论”是对“本金起点论”的进一步综合表述。在分析不同学派的财务本质理论的基础上，提出了“财权流”是现代财务本质的恰当表述。

第三章，财务主体与财权分层理论。本章首先论述了财务主体的基本内涵和特征以及财务主体与其他“主体”的关系，接着对财权分层理论进行了相关性分析，并认为一元性是财务主体的真实属性，财权分层理论与财务主体的关系是：财务主体的确立为财权的分层管理提供了前提，财权的分层管理是在财务主体范围内财务管理主体（财务治理主体）的分层管理。最后，论述了国有资本财务主体的确立，认为要建立以“财权”为核心的国资监管运营新体系，就必须以财权的分层次管理为核心建立国有资本的宏观财务运作体系。

第四章，企业财务目标：价值与权力的融合研究。本章对企业财务目标进行了价值与权力的融合研究。首先论述了企业财务目标形成的产权基础，认为企业财务目标应体现与企业目标的一致性，应体现财产权的现状，并指出了现代财务目标一元化趋势。接着通过分析“股东财富最大化”的缺陷，指出了“股东财富最大化”与“企业价值最大化”必将融合，并最终让位于“企业价值最大化”的发展趋势。我们认为企业价值最大化与相关者利益最大化实质上是一致的，它们是从价值与权力两个不同侧面对财务目标的准确表述。

第五章，资源配置与财权配置：现代财务的基本职能。本章认为，财务的本质和职能是有机联系在一起的。财务的本质决定财务的职能，财务的职能是财务本质的具体体现。因此，我们对财务职能的研究必须从财务本质出发。接着基于财权流本质提出了资源配置与财权配置两大财务基本职能，并认为投资、筹资、调节、收益分配、监督等具体职能体现了基本职能。我们认为以资源配置为核心的财务管理忽视了对财务社会属性的研究，以财权配置为核心的财务治理结构理论将是今后财务理论研究的新焦点。

第六章，财务治理与财务管理。本章分析了企业管理与财务管理、企业治理与财务治理、企业治理与企业管理以及财务治理与财务管理等概念之间的关系。我们认为对于“财务治理”内涵的认识，可以在“企业治理”框架下进行，财务治理是企业治理的核心和重要组成部分，财务治理结构又是财务治理的核心和表现方式，也就是说，财务治理是通过财务治理结构的方式来履行和实施的。企业财务治理问题的解决能促进企业治理问题的解决，企业财务治理为企业治理的完善提供基础。财权的有效配置能促进财务治理问题的解决，界定产权关系、明确财产所有权和企业所有权是企业治理的基础。企业治理又可以对财务治理产生影响，若企业治理能够得到较好的解决，则能促进财务治理进一步发展，反过来，财务治理的发展又能促进企业治理的发展。从以上的分析中我们可以看出：企业治理和企业管理是现代企业的两个重要构成部分，两者是同一问题的两个方面。财务管理是企业管理的核心，财务治理则是企业治理的核心，因此，能否研究解决好财务管理与财务治理问题将成为企业治理与企业管理好坏的关键。通过研究我们发现，财务治理主要处理“财务关系”，财务关系的处理也就是对财权流的配置；财务管理主要处理“财务活动”，财务活动也就是对本金运动的处理。如图 1－1 所示。

图 1－1

第七章，财务治理结构体系研究。本章对财务治理主体理论、治理客体理论、治理中心论、治理模式论、治理目标论等内容进行了详尽的探讨。我们认为，企业财务治理结构是内含于企业治理结构中的一个关于企业财权配置的制度安排，财务治理结构是企业治理结构的核心和重要组成部分。企业财务治理结构的研究与企业治理结构不能割裂，需要将财务治理结构纳入到企业治理结构框架之中。同时，财务治理结构是财务治理的核心和表现方式，通过财务治理结构这一方式的履行、实施、完善和调整，来达到财务治理的目的，进而完善企业治理。财务治理结构与财务治理是方式与目的的关系。财务治理结构是以财权为基本纽带，以融资结构为基础，在以股东为中心的共同治理理念的指导下，通过财权的合理配置，形成有效的财务激励与约束机制，实现相关者利益最大化和企业决策科学化的一套制度安排。此外，财务治理结构作为财务治理的实现方式，它又是一个系统的理论体系，具体包括：治理主体理论、治理客体理论、治理中心论、治理模式论、治理目标论等内容。

第八章，财务治理结构中的财权配置研究。由于财务治理结构的核心是财权配置，因此本章重点对财务治理主体的财权配置以及财务治理权的集权与分权等问题进行了研究。我们认为，财务治理权是与企业财务治理结构密切相关的权力制衡概念，它是由财务决策权、财务控制权和财务监督权构成的。财权配置是财务治理结构的核心，而财务治理权又是财权配置中的权利制衡方面，因而财务治理权又构成财权范畴中的核心。在财务治理权的三权中，财务治理权对财权配置的作用和影响，主要是通过财务决策权的影响来实现的，因而财务决策权就成为财务治理权、财权配置乃至企业财务治理结构的核心。财务决策权配置的理论模型表明，财务治理的集权或分权模式并不是固定不变的，而是具有不确定性，简单地把企业财务治理权组合模式理解为集权型与分权型是不科学的。财务治理集权与分权的最佳模式往往需要权衡企业发展战略、总体规模、所在行业特点、信息技术水平及环境变化速度等因素的综合影响来确定，同时还需要考虑控制与激励的相容问题，如绩效度量体系、奖罚机制、监督成本、激励强度等。

第九章，资本结构：财务治理结构的基础。企业财务治理的财权安排最终从两个方面影响企业治理，一是形成特定的财务结构（或资本结构），从结构上影响企业治理；二是形成一种财务激励与约束机制，从制度上影响企业治理。其中资本结构是财务治理结构的基础，而激励与约束机制是财务治理结构的内核，本章对第一个方面进行研究。通过分析，我们得出以下结论：在既定的制度框架下，资本结构是企业财务治理结构的基础和依据，企业财务治理结构是资本结构的体现和反映；资本结构的选择在很大程度上决定着企业财务治理的效率。股东和债权人如何在企业治理中发挥作用，是研究资本结构在企业财务治理中作用的关键。从这个意义上讲，资本结构对企业财务治理结构的形成有着重要影响，并在很大程度上决定了企业财务治理的范围及效率。

第十章，财务治理结构的激励约束机制研究。本章紧随第九章，对影响企业治理的财务治理的财权安排的第二个方面，即形成一种财务激励与约束机制进行研究。我们认为，企业财务治理结构的核心是财权配置，而财权配置的更核心问题便是建立一套激励与约束相容的财务制度或者财务机制，因为激励对人的行为起到发动机的作用，约束则起到方向调节和刹车的作用，两者缺一不可。

本章参考文献：

1. 费方域：《企业的产权分析》，上海三联书店、上海人民出版社 1998 年版。

2. 宋承先：《西方经济学名著提要》，江西人民出版社 1989 年版。

3. 周守华等：《现代财务理论前沿专题》，东北财经大学出版社 2000 年版。

4. 李心合："利益相关者财务论"，《会计研究》，2003 年第 10 期。

5. 伍中信："建立以财权为基础的财务理论体系和财务运作体系"，《中国会计年鉴（2001）》，中国财政杂志社，2001 年。

6. 王庆成："财务管理学科建设的几个问题"，《浙江财经学院学报》，1990 年第 4 期。

7. 王庆成："关于财务管理学体系的研究"，《财务研究》，1991 年第 1 期。

8. 李心合：《利益相关者财务论》，中国财政经济出版社 2003 年版。

9. 杨淑娥、金帆："关于公司财务治理问题的思考"，《会计研究》，2002 年第 12 期。

10. 杨淑娥："产权制度与财权配置"，《当代经济科学》，2003 年第 1 期。

11. 李连华："股权配置中心论：完善公司治理结构的新思路"，《会计研究》，2002 年第 10 期。

12. 张敦力："试论公司治理中的财务治理"，《中国会计教授会年会论文集》，西南财经大学出版社 2002 年版。

13. 张敦力："公司治理的核心：财务治理"，《企业管理》，2002 年第 4 期。

14. 衣龙新："财务治理理论研究"，西南财经大学博士学位论文打印稿，2004 年。

上篇

建立以财权为基础的财务理论体系

第二章

财权理论与财务本质表述

第一节 财权的涵义

一、财权的基本内涵

随着产权经济学的蓬勃发展，一种与现代产权思想相适应的财务观念正在日益成熟。“法人财产权的核心是企业的财权，产权主体的实质是财务主体，企业经营者首先是一个财务管理者”（汤谷良，1997）。财权的提出引起了人们关于财权涵义及内容的讨论。然而，财权作为现代公司权利系统中的一项核心权能，其本身包含哪些具体权能的内容，目前人们还没有达成统一的认识，其中主要的观点有：（1）我国《公司法》将财权概括为投资权、财务预算与决算审批权、融资权、资产处置权和财务分配权。（2）公司财权可归纳为筹资权、投资权、留用资金支配权、资产处置权、成本费用开支权、定价权和分配权等七项权力（郭复初，2001）。（3）财权相当于通常所说的财产权或物权（李连华，2002）。（4）财权就是财务控制权，包括三方面内容：重大财务事项决策权；现金调度支配权；日常财务处理权（王斌、高晨，2003）。

本书认为财权表现为某一主体对财力所拥有的支配权。所谓财权，是一种“财力”以及与此相伴随的“权力”的结合，即“财权” = “财力” + （相应的）“权力”。这里的“财力”表现为企业的财务资金或本金，而相应的“权力”便是支配这一“财力”所具有的权能。

二、财权的分类

李连华（2002）认为，公司财权并非单纯指几项权力，其本身的含义和内容也不是几项财权所能全部覆盖和表达的。公司财权实际上是由不同层次、不同权能所构成的一个权力结构系统。李连华将财权视为一个权力结构系统的观点是深刻的，应当是认识和剖析财权的基本研究方向，受此启发，公司的财权结构系统如图 2－1 所示。

按图 2－1 所示的结构体系，公司财权可以沿着纵向和横向两条线路进行划分与归类。从纵向看，公司财权具有层次性。公司制企业产权关系的突出特征是企业财产所有权“裂变”为两种权利：一是出资人所有权，由出资者（在股份公司中被称为股东）拥有；二是法人财产权，由公司法人（即经营者，董事

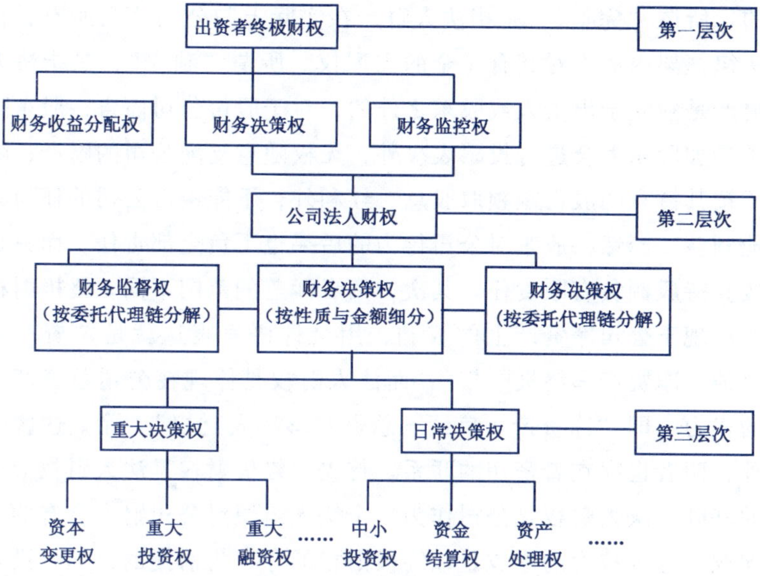

图 2-1　公司财权结构体系

长或总经理）拥有。按照上述思路，本书将公司财权划分为三个层次：出资者终极财权、公司法人财权和法人财权分割所形成的明细财权，并以此为基础构建公司的财权结构框架体系。通常情况下，财权的层次与公司的委托代理链构成有关，随着委托代理链的延伸，财权的层次和内容也会相应增加。

出资者终极财权和公司法人财权作为公司财权的两个基本层次，两者之间有着显著的区别。首先，出资者和公司法人在法律上是两个对等的权利主体，出资者不能对法人财产中属于自己的部分随意支配，他们只能运用出资者或股东权利影响公司行为，而不能直接干预公司的经营活动；法人财权表现为公司依法享有对法人财产的占有、支配、收益和处分权，公司法人以独立的财产对自己的经营活动负责。公司法人财权既是完整的，又是独立的。所谓“完整”，是指法人财产在实际上归公司法人所有，在法律框架内法人对其有完全的支配权。所谓“独立”，是指法人财产是独立于出资人或股东之外的，对于股份公司而言，股东除了参加股东大会进行投票表决外，无权随意支配公司的财产；除了按其持有的股份额领取股息、红利外，不能侵占公司的任何其他利益。当然，股东对公司行为的后果也不负全部责任，而只是按其持股额负有限责任。其次，两者涵盖的范围不同。终极财权是体现于公司净资产上的权利，用会计语言表达就是“资产 - 负债 = 净资产⇒终极财权”；而法人财权是体现在公司总资产上的权力，即“净资产 + 负债 = 总资产⇒法人财权”。除上述区别外，两者也存在着密切的联系。首先，终极财权是法人财权形成的基础。法人财权是公司作为一个法人组织对公司财产享有的支配权。这种权力的形成是以终极财权的存在为前提的，如果没有投资者的原始投入和相应的终极财权的产生，公司就不可能注册成立，当然也就谈不上法人财权的存在；其次，法人财权的运用受终极财权的约束。法人财权衍生于终极财权，因此其运用目标不能背离终极财权的目标，在目前“股东至上”的思想下，法人财权的行使应以所有者的利益为最高宗旨和指向，不能背叛所有者，否则既不合情理，也不合法。

从横向上看，在公司财权结构体系中每一层次的财权又可以分设成多项权能和内容。在第一层次上，出资者终极财权分为财务收益分配权、财务决策权和财务监控权。这是基于出资者在公司治理结构中所拥有的剩余索取权和剩余控制权而划分的。在公司财务治理结构中，出资者剩余索取权表现为财务收益分配权，出资者剩余控制权表现为财务决策权和财务监控权。同时，出资者由于受自身知识、信息、运作等方面的局限，行使上述财权时有一定的客观限制，为提高上市公司应变能力、组织运营效率，将其享有的剩余财务控制权（财务决策权、财务监控权）通过委托代理链分别授权给代表其利益的董事会、监事会是十分必要的。但出资者的财务收益分配权是绝不可以拿出来进行配置和共享的，这是因为股东投资并控制企业的最终目的就是获取财务收益。在实践中表现为财务收益分配权的最终决定权留在股东大会，仅将具体提议、制定权交予董事会、经理层行使。

在第二层次上，根据权力设置中的"三权分离、相互制衡"思想，公司法人财权应设置为财务监督权、财务决策权和财务执行权，而且在财权配置中应使三者相互平衡。如果三者之间出现任何一种失衡情况，都会导致公司财务治理效率下降甚至是失败。在这三项权力配置中，决策权配置一般居于核心地位。决策权可以根据事项的性质和金额大小，作进一步细化，分为重大决策权和日常决策权。至于"重大"与"日常"之间的量化界限，不同公司有不同的标准。不过，重大决策权通常有如下特征：涉及资本变更、交易金额巨大、非经常性。而日常决策权则相反。这种对决策性财权的细分对大型公司来说尤为必要，它可以便于实施分层管理和保证决策的有效性。监督权是基于财产权的委托代理关系而产生的对代理人行为进行监管的权力。监督权的分层设置与委托代理中的层级有直接对应性。当某一管理层将决策权或执行权向下一层分解和委托时，该管理层自然就拥有了对下一层进行监督的权力。因此，监督权因决策权和执行权的逐级分解、委托而向下延伸。执行权是指对最优财务决策方案执行、实施的权力。在现代公司组织结构中，执行权表现为随委托代理层次逐级递增。但是，随着委托代理链的延长、层级的增加，监督难度和监管成本也会相应地增加。这就决定了委托代理链的长度有一个合理范围，企业在实际工作中应根据实际情况恰当把握。

第二节
财权：现代财务的核心概念

一、产权与财权

财权是现代财务学研究的核心内容，对它的把握应建立在雄厚的经济学基础之上。财权→财产权→产权，通过“财产权”连接起来的财权与产权，不仅在字面上很相近，而且有着极为重要的比较研究价值。本书试从现代产权经济学角度，对“财权”与“产权”作一初浅的融合性研究。

（一）两个相近的经济学范畴

人们对产权的含义有着极为丰富的理解，而且经常混淆。主要原因应归于对产权理解角度的差异，这一差异首先来自法学界与经济学界的不同认识。而从另一方面，西方产权理论通过“法和经济学”的充分融合，经过半个多世纪的发展，已发展成为自成体系的、具有丰富内涵的、拥有大批颇有建树及代表人物的现代产权经济学派。随着我国对西方产权理论的引进，加上我国原有的对所有权（制）研究以及法学研究的理论基础，配合正在改革的产权制度实践，我国的产权研究也逐渐显示出带有中国特色的“产权”观念。因此，经过法学、经济学观念的矛盾与协调以及中西方观念的矛盾与协调，对产权理解的多样性和复杂性也就不足为奇（伍中信，1998）。一个对产权的简短定义是：“主体拥有的对物和对象的最高的、排他的占有权。”（刘诗白，1995）更具体地说，产权即财产权（Property Right），包括以所有权为主的物权、债权和知识产权等，按其内涵可分为资本权、占有权、收益权和处置权等。英国学者Y. 巴泽尔在《产权的经济分析》中认为："人们对不同财产的各种产权包括财产的使用权、收益权和转让权……"（Y. 巴泽尔，1989）从这里可以看出，产权不仅仅是一个财产归属问题，而且是一个经济运用问题，因而可以将产权分为原始产权（或终极所有权）和法人产权（或法人所有权）。

财权表现为某一主体对财力所拥有的支配权，这一支配权显然起源于原始产权主体，与原始产权主体的权能相依附、相伴随。而随着产权的分离，财权的部分权能也随着原始产权主体与法人产权主体的分离而让渡和分离。这样，原始产权主体在拥有剩余索取权的同时，也拥有收益权这一财权（当然是产权的权能）。法人产权主体在拥有占有权、使用权、处置权等产权权能的同时，也拥有了与此相联系的收益权、投资权等财权（当然也是产权权能）。这样，对独资企业而言，由于产权没有分离，企业在拥有完整的产权的同时，也拥有全部的财权。而对于产权分离的现代公司而言，财权随着产权的分解而分解，公司只拥有部分财权。在严格的法人治理结构下，法人产权主体所拥有的产权权能具有独立性，公司的财权在其拥有的范围内也具有相应的独立性。公司是否拥有独立自主的法人财产权与公司是否能独立理财在涵义上是相同的。因此，理想的财权在独资企业是独立的，在公司制企业也应是相对独立的，同产权一样，财权同样应具有可分性、可明晰和独立性等特征，否则便成了与产权关系模糊相伴随的模糊的财权关系，或称模糊的财务关系。

（二）财权与产权的关系

除了以上所论述的财权与产权相依存的紧密关系外，我们还要对两者的关系作进一步阐述。

(1) 作为财产权的产权，它从两个方面对财产，即实物形态的财产和价值形态的财产实施管理，如占有权、使用权、处置权等基本上是对实物形态的财产实施的产权管理。我国目前国有资产管理体系所实施的职能基本上处于这种状态。而财权则侧重于对财力的配置，即从价值形态上对资金（本金）进行配置或支配。也就是说，在财权归于产权的内容中，主管价值形态的权能，并构成法人财产权的核心内容，如收益权以及收益分配权、筹资决策权、投资决策权、资金使用权、成本费用开支权、定价权等。在这里，收益权是产权权能的核心，其他权能如占有、支配、处置的目的都是为了取得收益；没有资金的支配权，就谈不上物资的采购权；企业不能享有工资费用分配权，就很难实际享有劳动用工权；企业投资决策权不到位，企业就无力对投资者承担资产保值增值的责任；获得了投资决策权，企业才完整地获得对法人财产的自主支配权。

(2) 由于财务管理与产权管理在职能、目标等方面的区别，财产权有着区别于产权的其他内容，如财务预测、财务分析的权能等。当然，产权也有许多与财权不完全相干的独立权能，如前面所说的资产使用权等。总之，财权与产权是两个相近的经济学范畴，在两者交叉的领域里，财权构成了产权中最核心的权能，对两者的比较研究和结合研究具有极其重要的理论意义和现实意义。

（三）协调财权与产权的矛盾，建立产权与财务约束机制

现代公司财务的独立性因公司法人产权的独立性而确立，但是这种权力不可能超然独立于其他任何权力之外，还应受到一定的制约。在现代企业制度中，在原始产权与法人产权之间，有着

严格的制衡机制，即“法人治理结构”，法人产权的权力便在这一结构中受到原始产权的监督和制约，企业财权的取得和发挥也在这一“制衡机制”中得到约束。从各国公司法的基本精神看，都规定了公司的重大投资计划、利润分配、增减资本、发行债券以及公司合并、分立和清算等企业关键的重大财务决策必须经股东大会审批。因此，“原始产权对企业重大财权的这种约束，是原始产权决定法人财产权的具体体现，并成为财务约束的重要方式”（汤谷良，1994）。由此可以看出，由于财权与产权的联系，财务约束机制的建立也必须受到产权约束机制的影响。“法人治理结构”的优化和产权制衡机制的完善是财务约束机制研究需要认真考虑的重要思路。当然，我们在理解财务约束的同时，绝不能因此而否定企业财权的独立性，这正如企业法人产权所拥有的独立自主权一样，即企业法人“一旦代理，全权处理”的格局依然不会改变。在我国，由于公司制改造尚未真正到位，在独立性和制约性之间经常出现一些矛盾。尤其在我国国有企业的原始产权主体虚置的前提下，使得企业法人产权的权力超过了应有限度，出现了所谓“内部人控制”的现象。在这种情况下，企业的财权也得到了相应的放大，从而加剧了企业财权与外界产权主体利益的矛盾，这就使得产权约束和财务约束的任务更为艰巨。

二、财产所有权、企业所有权与企业财权

（一）财产所有权及其两种重要形态

在经济学文献中，财产所有权（ownership of the asset）是指对给定财产的占有权、使用权、收益权和转让权。它是类似于产

权（property rights）的一个概念（在这里我们将其理解为狭义的产权），这一概念与我们后面将要讨论的企业所有权（ownership of the firm）是有重要区别的。在这里先考察财产所有权，我们可以将财产所有权根据财产的不同类型区分为资本所有权和劳动所有权：资本所有权包括对货币资产、实物资产等非人力资本的占有、使用、收益和转让权；而劳动所有权是指对人力资本（包括管理知识、专业技能等）的占有、使用、收益和转让权。本书认为，随着当今知识经济时代的来临，劳动（人力资本）作为一种财产越来越受到重视，对知识产权（劳动所有权）的界定与保护亦越来越受到人们的关注，因此，将财产所有权区分为资本所有权和劳动所有权是非常必要的。同时，劳动（人力资本）作为一种财产，其可量化程度亦会越来越高，因而对财产所有权的这一区分也是可行的。而且，这一区分和界定也是我们理解将要谈到的企业所有权及企业财务主体问题的基础。

（二）企业承包合约的不完全性与企业所有权及其安排

接下来我们来看企业所有权，主流企业理论认为，企业所有权（ownership of the firm）是指对企业的剩余索取权（residual rights of claim）和剩余控制权（residual rights of control）。所谓剩余索取权是相对于合同收益权而言的，是指对企业收入在扣除所有固定的合同支付（如原材料成本、固定工资、利息等）的余额（利润）的要求权，企业的剩余索取权是与企业风险紧密相联的，剩余索取者也即是企业的风险承担者，因为剩余相对于合同收益是不确定的，也是没有保证的，在固定合同索取被支付之前，剩余索取者是什么也得不到的。而所谓剩余控制权指的是在合约中没有特别规定的活动的决策权。

现代企业理论认为，企业是一系列合约的总和，同时，进入企业的合约又是不完备的，即合约的不完全性（the incompleteness of the contracts），也正是由于合约的不完全性从而导致了企业所有权（即剩余索取权和剩余控制权）的产生。所谓合约的不完全性是指企业合约不能准确描述所有未来可能出现的状态以及每一种状态下参与要素及其所有者之间的责权利关系。合约不完全性的产生原因主要有两个方面：一方面来自现实经济生活的复杂性、不确定性和信息不对称；另一方面来自于人的有限理性和机会主义行为，即签约前的逆向选择（adverse selection）和签约后的道德风险（moral hazard）。这两方面的原因使得企业要签订一个完全的合约是不可能的或者因交易费用过高而事实上不可行。故企业合约具有不完全性。正因为进入企业的合约是不完全的，未来世界又是不确定的，要使企业所有成员都得到固定的合同收入是不可能的，这就是剩余索取权的由来。同时，因为进入企业合约的不完全性及未来世界的不确定性，当实际状态出现时，必须有人决定如何填补合约中存在的"漏洞"，这就是剩余控制权的由来（张维迎，1998）。

那么，剩余索取权和剩余控制权在企业中究竟应该如何分配呢？或者说，什么样的企业所有权安排才是最优的呢？一般认为，剩余索取权和剩余控制权作为企业所有权的两个方面，其本身既可以是统一对称分配的，也可以是相互分离的。但在两者分离的情况下，则表现为企业产权残缺，常被认为是企业低效率的原因。因此，有效率的企业所有权安排其剩余索取权和剩余控制权应该是对称分配的（Milgorm and Roberts，1994）。关于两者的对称分配，我们认为一般有三种分配类型：一种是集中对称分配于资本所有者，即资本所有者独享剩余索取权和剩余控制权，也就是通常所说的资本雇佣劳动；一种是集中对称分配于劳动所有者（人力资本所有者），即人力资本所有者独享剩余索取权和剩余控制权，也就是劳动雇佣资本；第三种是分散对称分配于资本所有者和劳动所有者之间，即资本所有者和劳动所有者共享剩余索取权和剩余控制权。至于以上三种企业所有权安排何种最优，则取决于资本所有者和劳动所有者在企业中的相对重要程度和对其监督的难易程度：如果资本所有者更重要，更难监督，则第一种企业所有权安排是最优的；如果劳动所有者更重要，更难监督，则第二种安排是最优的；如果两者都重要，都难监督，则第三种安排是最优的（张维迎，1996）。也就是说，由于合约不完全性的存在，企业的所有权应该由企业中最重要、最难监督的成员拥有，这样才能达到交易成本最低，实现最佳效率。

（三）企业财权应体现剩余索取权和剩余控制权的对称分配

以上我们讨论了财产所有权和由于合约不完全性所带来的企业所有权以及企业所有权的不同安排及最优。那么，它们与企业财权之间的关系如何？它们之间究竟有何逻辑联系呢？我们认为，企业财权应该是依附于企业所有权而存在的，同时，完整的企业财权还应该体现剩余索取权和剩余控制权的对称结合。

首先，由于财务活动本身及其外界市场环境的不确定性，财务主体从事资源配置活动总是存在风险的，也就是说，财务主体应该能够承受因资源配置失效而带给企业的损失，这就要求财务主体必须是相应的风险承担者，即企业财务主体必须取得相应的剩余索取权。如果企业财务主体只是企业固定合同收入者而没有剩余索取权，他就没有动力也没有资格从事风险性财务活动，这里的道理是显而易见的：因固定合同收入者不分享企业剩余，他就无法获得风险性财务活动所带来的超额利益，此即缺乏动力；而且，也正因为其不分享企业剩余，一旦风险性财务活动失败他还有权要求其固定的合同收入，故无法对其所造成的损失负责，此即没有资格。同时，由于财务活动的复杂性与不确定性及企业合约的不完全性，企业财务活动的很多方面（筹资、投资、收益分配）都不可能完全包含于企业合约之中，要签订一个包含财务活动方方面面的完全的企业合约也会因为交易成本太高而变得事实上不可行。这就要求企业财务主体必须拥有企业的剩余控制权。同时，企业财务主体实现剩余索取权和剩余控制权的对称结合，也有利于企业内部有效的财务激励和约束机制的建立，因为企业的这种所有权安排本身就是一种有效的激励和约束机制，它使得在企业中财务活动的剩余控制者既享有由风险性财务活动所带来的企业剩余，又要承担由此而带来的损失。

三、现代财务与传统财务相区别的根本标志

在我国传统的国有经济中，国家是全民所有制企业的唯一所有者，企业作为经营者只有有限的管理权，国家政府集行政职能、经济调控职能和所有者职能于一体，造成了国家与企业的行政关系和经济关系混淆不清，既牵制了企业的正常经营，又影响了政府的宏观管理。从我国20多年的经济改革看，实际上一直包含和孕育着产权制度改革的内容，在“政企分开”、“两权分离”理论的指导下，从减税让利、扩大企业自主权，到逐步改革企业经营方式、完善企业经营机制等，实质上都是产权关系的调整和改革，都是为了理顺产权关系。

在国有企业内部，产权关系不清的问题包括两层含义。首先是原始产权界限不明，它表现为国有企业原始产权在国家、集体和个人之间模糊不清以及国有产权主体虚置等问题；第二是原始产权与法人所有权关系不清。改革之前，国有企业的内部无论原始产权还是对生产要素的支配、占有、使用权都统归于国家所有

者，企业不是独立的产权主体。随着改革的深入，企业法人产权得以提出和确立。企业产权的拥有者就是产权主体，当企业所有产权的边界都十分清晰时，市场经济的主体才能真正形成，企业才能成为既有内在动力，又有行为约束机制的经济实体。

与产权制度相适应，我国传统的国有企业实质上属于没有财权的“财务”，企业财务是财政体系中的基础部分，成为国家驻厂的“核算员”，一切按计划行事，“专款专用”、“三段平衡”，企业没有独立的财权（也没有法人产权）。从这个意义上说，我国传统的国有企业不存在真正意义上的财务及其活动，至少可称为无财权的“财务”。当时所谓的“财务活动”是与会计活动融为一体的（会计无需财权），因此，在没有财权的前提下，要对财务和会计作出区别是十分困难的，理论界关于“大财务”或“大会计”的争论也就不足为奇了。

随着企业产权主体地位的确立，企业也相应取得了自己独立的财权，企业有权在法人产权的范围内独立行使投资权和收益（分配）权等各项权能。可以说，独立财权的确立，是现代企业财务区别于传统财务的根本标志，是企业真正开展财务活动的标志，也是财务区别于会计的重要“法码”，是现代财务的核心概念。

第三节
财权起点论：
财务研究逻辑起点的现实选择

如前所述，财权是一种“财力”以及与此相伴随的“权力”的结合，即“财权” = “财力” + （相应的）“权力”。这里的

“财力”表现为企业的财务资金或本金。而相应的“权力”便是支配这一“财力”所具有的权能。

我们认为，就价值和数量层面而言，本金是现代财务研究的逻辑起点，分析现代财务，要从分析本金及其运动规律开始（伍中信，1997）。我们进一步认为，“本金”便是“财权”中的“财力”，而其运动规律便是本金必须要与支配该财力的权力相伴随，为此，分析现代财务，更确切地说应从分析“财权”开始。

一、本金：财务研究的基本细胞和逻辑起点

（一）资本、本金与资本

关于资金有过很多的表述，归纳起来，大体有以下几种：（1）“资金是社会再生产过程中物资运动的价值形式”①；（2）资金就是“资本”，具有垫支性、周转性、补偿性和增值性等特征，但不反映在社会主义经济中已经消灭了的剥削关系中；（3）资金是作为价值物的物质资料和货币的总和②。

作为我国社会主义经济中特有的专用名词，上述有关“资金”的定义反映了我国社会主义建设中的时代特色，但随着社会主义市场经济的发展，尤其是资本市场的发育，这些定义将逐渐显示出它们的局限性。在新的形势下，贝多广对“资金”的理解正迎合了资本市场发育的要求。他认为：“既可以用于购置实物资产（即物资），亦可以用来购置金融资产（包括货币）。

---

① 《经济大辞典（财政卷）》，上海辞书出版社1978年版，第59页。

② 关于有关定义的具体解释，可参阅陈共等著：《财政学教程》，中国财政经济出版社1985年版，第4章。

在整个经济运行过程中，一方面有对应于实物资产流动的资金运动，另一方面还有金融资产领域内部的资金流动。”（贝多广，1995）上述第一种定义只承认前一种资金流动而不承认后一种资金流动，因而它是片面残缺的。第二种定义突出了资金在循环过程中的增值特征，并把资金视作不含剥削关系的“资本”，揭示了资金的本质。但是该观点把财政性资金和其他一些不具有增值性的资金排除在“资金”之外，又使得这一定义外延不够用了。第三种定义注重把货币包括在内，因而它的范围较广，但在现在的资本市场中，尤其是在金融工具不断创新的今天，货币仅仅是金融资产的一部分而不是全部，因而只有同时反映实物资产和金融资产流动的价值总和，才是最完整的现代“资金”概念。

根据以上认识，按照资金的性质和用途的分类方法，我们可以把资金分为本金和基金两类，其中，“本金是各类经济组织为进行生产经营活动而垫支的资金”（郭复初，1993），类似于上述定义中第二种，即本金与资本有类似的含义。从国民经济范围来看，本金主要包括财务资金和银行信贷资金，它具有周转性和增值性等基本特征，基金是指国家行政组织与各类事业单位为实现其职能而筹集与运用的专项资金。从国民经济范围看，基金主要包括财政资金、保险资金、社会保障资金等。基金由于是为某种专门用途而支出，它要被消耗掉，因而具有一次收支性与无偿性等基本特征。

基于这一认识，上述所说的用于购买实物资产的资金既可能是本金又可能是基金，而用于金融资产的资金则表现为本金。从定义上我们还可以看出，本金的占用主体是各类经济组织，而基金的占用主体则为各种社会经济管理组织；本金的经济用途是为生产经营活动而垫支，基金的经济用途则是为国家实现政治和行政管理职能服务。将本金与基金分开，正适应了我国经济改革中国家生产资料所有者职能与社会经济管理职能分开的需要，因此，这种区分不仅具有理论意义，也具有实践意义。

从上述分析中，我们可以得出，本金是资金的一部分，资金还包括基金，两者是整体与部分的关系。如果把资金等同于本金，不仅是将种概念与属概念相等同，犯了逻辑上的错误，而且在实践中也是行不通的。例如，把财政用于国家政府机关的资金称作本金就会成为笑话。同时，混淆这两个概念还会对经济学的研究造成困难。我国经济学界过去存在关于资金有增值性的争论，就与这种混淆有关。有的学者认为资金有增值性，因为它存在于物质生产流通领域；有的学者则认为不能笼统地讲资金有增值性，国家行政单位的资金就不能增值。现在我们将资金与本金相区别，这一问题就解决了，资金中的本金有增值性，资金中的基金无增值性。

在本金和资本的关系问题上，过去我们在“资本”一词上算了不少糊涂账。马克思认为本金和资本是近义乃至同义词，例如，他说“本金和增长额，资本和剩余额，都表明为总额的分数；用我们的例子来说算是本金或资本，亦是剩余额”①。这明明是说本金同资本一样都是价值母本，同样都能生“金蛋”，而且其词中间用的是“或”。马克思又说，“价值在这里（G—W—G 的流通形式这里——引者）已经成为一个过程的主体，在这个过程……它会产仔，或者说，它至少会生金蛋……”② 应当明白，我们指出资本主义有问题，不是说它的本金或资本产仔生金蛋生错了，而是说资本家阶级无偿地占有了不该占有的“金

① 《马克思恩格斯全集》第 24 卷，第 54 页。

② 《马克思恩格斯全集》第 23 卷，第 176 页。

蛋”，人格化了的资本“从头到脚，每个毛孔都滴着血和肮脏的东西”。由上可见，“作为本金或资本的价值产仔生金蛋是现代人类经济活动的共同特征，并不为资本家阶级所独钟。社会主义条件下的人们不能因讨厌资产阶级不顾他人死活地追求资本生金蛋，而抛弃其可贵的共性。”（林康、王爱莲，1997）

在澄清了以上认识以后，我们认为本金和资本在我国社会主义条件下同样是可以替代的，两者具有共同的特性和运动规律。但由于货币变为资本必须以劳动力变为商品为前提，对没有雇工的个体劳动者和家庭而言，他们用以进行商品生产经营或投资的资金则应称为本金，不必称作资本，以免在理论上引起混乱。因此，在社会主义条件下，凡同时作为生产资料与劳动力等生产要素的形成而垫支的资金，可同时称作本金或资本；凡是只作为生产资料而垫支的资金则称作本金，不称作资本。本金的范围大于资本，这是从严格的理论角度所作的界定。就财务资金而言，由于现代财务一般不涉及没有雇工的范畴，因而我们往往把本金与资本等同起来理解。①

（二）构成财务研究逻辑起点的标准

第一，逻辑起点必须是财务理论体系的基本组成要素之一。也就是说逻辑起点不能置身于财务理论体系之外，而应当是财务理论体系的有机组成部分。财务理论研究的逻辑起点应当是一个独立的财务范畴，有着丰富的内涵，它和财务理论体系应当是直接的、紧密的从属关系。

第二，逻辑起点必须是整个财务理论体系最基本的出发点。

---

① 有关本金、基金和资本的详细论述，请参阅郭复初领著：《财务通论》，立信会计出版社1997年版，第38～39页。

它直接表明财务理论研究从何处着手。它是逻辑推演的出发点，整个财务理论体系应该由此开始，层层递进、展开，从而得以构建财务理论体系大厦。

第三，逻辑起点必须是整个财务理论体系的主线，并尽可能成为财务基础理论及运用理论的共同起点，它能够起到统领整个财务理论体系的作用。一方面，它同财务理论体系的各组成部分有着强烈的相关性，能够使对各个局部的研究相互协调，具有高度的内在逻辑性；另一方面，我们可以通过把握逻辑起点从而把握整个财务理论体系。

（三）对现有财务逻辑起点理论的评价

1. 环境起点论

这种观点主要是在对财务管理理论历史发展的考察中形成的。财务环境是指财务管理以外的、对财务管理系统有影响作用的一切因素的总和，包括国家的政治经济形势、国家法规制度的完善程度、企业所面临的市场状况、企业的生产条件等。该观点的要点在于，根据环境的需要确定当时财务管理的目标，从而确定这一历史发展阶段的财务理论体系。比如，有的人认为："西方现代财务理论和方法是以企业为中心，随着企业生产经营条件的变化，先后经历了筹资财务管理（为实现筹集数量最大）、内部控制财务管理（为实现利润最大化）和投资财务管理（为实现公司财富最大化）等几个阶段。"（张传明、毛之中，1994）用这种方法考察财务理论的历史发展，有利于正确划分财务发展的历史阶段，但由此而把环境作为财务理论研究的逻辑起点却是不妥的。原因在于：第一，财务管理的环境只能是财务理论发展的外因，即只是构建财务理论体系需要考虑的一个影响因素，而不能成为财务理论的基本概念和主线；第二，财务管理的环境的范围具有极度的不确定性，如以此为起点，则极难建立成型的财务理论体系。

2. 假设起点论

这种观点是近年来人们在借鉴会计理论的研究方法时形成的。它认为“任何一门独立学科的研究和发展，都是以假设为逻辑起点的，然而在财务学的研究中，却忽视了这一点”，“假设对任何学科都是非常重要的，因此它为本学科的理论和实务提供了出发点或奠定了基础”（陆建桥，1995）。这一观点还借鉴会计假设的研究提出了一系列的财务假设作为财务理论研究的逻辑起点。这种观点重视财务假设理论的研究，区别财务假设与会计假设，有利于进一步澄清财务和会计的关系。但是，就会计理论本身而言，“进入70年代以后，以会计目标为起点构建理论结构的思路却逐渐深入人心并占据了西方会计学界的主导地位”（赵德武，1995）。同时我们还应该看到财务理论作为运用经济学，重在人们通过发挥主观能动作用去实现财务管理的目标，不是简单的技术操作，也不是纯粹的经济学理论证明。通过人为的舍弃而确定财务假设，并以此来构建的财务管理理论体系的做法限制了财务管理运用时的复杂性和多变性，限制了人们主观能动作用的发挥。

3. 产权结构起点论

这种观点是近年来人们在研究产权问题时产生的，认为“产权作为一切经济制度的基石，对企业的经济行为起约束作用，财务管理作为一项经济管理活动必然受到产权结构的制约。不同的产权结构形成不同的财务管理模式，可以说，产权结构决定了企业的财务管理，因此，研究财务管理应从产权结构着手”（王仲兵，1994）。这一观点着力考察产权结构与财务理论的关系，从财务的角度进一步认识产权结构，突出产权结构，更重要的是体现各利益主体的权益分配关系。强调产权结构深刻地影响着财务理论的形成，这有利于正确处理财务关系。但是，应该看到，产权结构是财务制度安排的结果，财务关系能够更好地反映产权结构，产权结构的调整也可以通过财务关系的调整得以实现。以产权结构为研究起点就否认了可以通过实施财务管理活动而调整产权结构，同时还否认了人们对财务关系能动的改造作用。其次，强调以产权结构为起点又可能使人们重新陷入重财务关系处理轻财务活动组织的局面。第三，产权结构本身并不是一个财务范畴，产权经济学有其独立的理论体系。

4. 财务目标起点论

这是目前比较流行的一种观点，是在近几年大量借鉴和吸收现代西方财务理论过程中形成的，认为“任何管理都是有目的的行为，财务管理也不例外，只有确定合理的目标，才能实现高效的管理。我认为，适应市场经济发展要求的财务管理理论结构应是以财务管理的目标为出发点……”，并进一步认为“财务管理的目标是在考虑风险和报酬两个重要因素的基础上实现企业价值最大化”（王化成，1994）。这一观点突出了财务管理的重要作用，强调了现代西方财务管理理论和中国实际相结合，对构建中国特色的财务理论体系有较大的推动作用；强调围绕目标建立财务管理理论体系，有利于财务管理方法的研究和实践。但是这一观点仍然有其片面性。首先它仍然将财务管理理论和财务理论等同起来，如果说它作为财务运用理论或财务管理理论的逻辑起点还说得过去的话，那么，作为一个财务基本理论之一的财务目标，它既难以成为逻辑起点和核心概念，更难以成为贯穿整个财务理论体系的主线。

5. 本质起点论

这一观点在我国有较长的历史，已经有了较成熟的认识，在当前理论界占主导地位。这一观点典型的思路是：

财务本质 → { 财务职能 / 财务管理目标 / 财务管理原则 } → { 财务管理方法体系 / 财务管理制度体系 }

这一观点的形成源于20世纪80年代我国财务理论的初建时期，当时对财务的存废问题有很大的争论，财务理论工作者在形成财务独立论的过程中，从财务的本质研究出发，奠定了财务理论的基石。“财务的质的规定性决定了财务的独立性，财务的种种独特性态，乃是奠定财务独立存在的客观基础。”这一观点符合我国传统的哲学思维习惯，突出了财务不同于其他经济范畴的独特性，强调财务经济活动在社会经济活动中的独立地位。强调财务基础理论研究的重要性，这对社会主义财务理论体系的形成作出了很大的贡献。但是这种观点使财务理论体系中财务基础理论和财务运用理论之间缺少较好的连接点，缺少通向具体方法研究的桥梁。与财务目标起点理论相反，本质起点理论能较好地成为财务基础理论的起点，但却不能有效地引导财务运用理论的展开，不利于财务理论体系的进一步完善。

（四）财务理论研究应从分析“本金”及其运动规律开始

在分析以上财务研究不同逻辑起点优劣的基础上，依据符合逻辑理论的基本标准，参照马克思主义经典作家的分析方法，我们认为，现代财务的研究应从分析本金及其运动规律开始。

1.“本金”是财务理论的基本细胞

本金是指为进行商品生产与流通活动而垫支的货币性资金，具有循环周转性与增值性等特点。本金的投入、产出与增值的过程是不断追求经济效率的过程，是本金的运动轨迹，也是财务资金区别于其他社会资金的规律性区别。作为财务资金的本金，是能够带来增值的价值，增值是本金内在的本质要求，而其他社会资金如财政资金则不一定具有增值这一根本属性。明确了“本金”这一概念，我们认为，“本金”是财务理论的基本细胞。

第一，“本金”作为财务资金从货币形态经过运用、耗费、收入、分配几个阶段，又回到原来的货币资金形态，是财务运用理论研究的主要领域，也就是说财务运用理论无不与本金的运动联系在一起。

第二，财务基本理论也蕴含着“本金”这一基本概念，比如，财务本质的主流观点是资金运动，确切地说，应是本金运动，即本金的投入与收入分配活动，而财务目标也主要在于促进本金的扩大及企业价值的增值，等等。

2. 确定本金逻辑起点符合马克思主义经典作家的研究思路

确定“本金”研究逻辑起点的合理性，正如马克思主义经典作家在分析资本主义经济时从“商品”这一基本细胞入手一样，作为财务这一复杂机体基本细胞的本金，能够成为财务理论研究的起点也是合情合理的。这不仅在于赋予了本金以区别于其他经济学概念的特定含义，从而使本金成为财务理论与实践的普通存在形式，而且还在于本金的扩大与增值已成为人们在理财中所追求的根本目标。可以说本金运动的规律及其体现的经济关系已渗透到与财务相关的各个领域和各个方面。因此，一门学科如果能找到渗透于该领域的一个基本细胞，那么将它作为研究起点是最恰当不过的，财务的本金起点理论便是如此。

本金起点论符合逻辑起点的基本标准，弥补了前述不同起点理论的种种不足。本金作为财务资金的代名词已成为财务理论的核心概念，是财务理论概念体系的组成部分。把本金作为基本细胞并由此开始研究，有利于从小到大、层层展开，从而构成完整的财务理论体系。同时，本金作为财务基本理论和运用理论的共同细胞使其能较为合理地成为两者研究的共同起点，在把财务本质作为基础理论起点和财务管理目标作为运用理论起点之上，成功地找到了一个连接点和支撑点，这不仅弥补了前述不同逻辑起点理论的缺陷，而且必将为发展我国财务理论带来一次良好的契机。

二、“财权起点论”是对“本金起点论”的进一步综合表述

财务的内涵包括财务活动与财务关系，因而，财务具有二重性——经济属性（资金运动）与社会属性（产权契约关系）。随着产权经济学与制度经济学的兴起，人们对财务的研究也摆脱了新古典经济学的研究范式（单从价值方面考虑），而是从价值与权力两方面相结合来研究财务问题。这样，作为财务研究的逻辑起点，自然也是价值与权力的结合。前面我们提到，财务研究应从分析本金及其运动规律开始。这里的本金是指为进行商品生产和流通活动而垫支的货币性资金，它是属于价值范畴的。而在现代企业制度下，某种支配这一价值的“权力”则是隐藏在“价值”背后的更为抽象、更为实在的带支配能力的本质力量，而且这一“权力”与该“价值”、“价值”与相应的“实物”都是附于一体的，只是前者比后者更抽象、更接近事物的内在本质。从而，本金的运动规律必然是与支配其的权力相伴随。单纯以价值论价值，以权力论权力都是违背其运动规律的，不利于发展财务理论，服务财务实践。

前面已提到，财权是一种“财力”以及与此相伴随的“权

力”的结合，这里的“财力”便是企业的财务资金或本金。可以看出，财权已完全蕴涵了本金及其运动规律这两方面的意思。这样，我们也可以用财权作为现代财务研究的逻辑起点。需进一步明确的是，财权起点论与本金起点论这两者并不是矛盾的，提出财权起点论不是用来否定本金起点论。因为，我们并不认为本金起点论就属于纯价值起点论。本金起点论的核心是本金及其运动规律，其运动规律中已经隐含了权力与该本金相伴随的属性，因而，我们用财权作为财务研究的逻辑起点只是认为其比本金起点论更确切而已。

随着现代企业理论中对产权研究的日益深入，财权也成为了现代财务理论的核心概念，并在现代财务理论体系中起着基础性的作用，是整个现代财务理论体系的主线，并统领整个现代财务理论体系。一方面，财权同现代财务理论体系的各组成部分有着强烈的相关性，能够使对各个局部的研究相互协调，具有高度的内在逻辑性；另一方面，我们可以通过把握财权从而把握整个现代财务理论与运作体系。从传统财务理论向现代财务理论演进过程中，财权范畴的提出起到了关键作用，财权理应成为我们对财务研究的逻辑起点。

第四节
“财权流”：现代财务本质的恰当表述

一、从不同学派的财务本质理论说起

财务是什么？财务因什么而萌动？财务的理论框架由什么所

支撑？财务与会计相区别的根本点在哪里？这一系列有关财务本质的深刻而玄妙的课题，每一位严肃的财务理论工作者都不能回避而必须给出正面答复。

在我国，对财务本质的讨论比较激烈，主要有货币收支活动论、货币关系论、资金运动论、分配关系论和价值运动论等几种观点，它们从不同程度上反映了财务的某些特性，也在不同程度上推进了财务本质理论的建设。

1．货币收支活动论

该观点源于20世纪40年代的前苏联，目前仍有部分学者坚持，认为“财务是客观存在于企业生产经营过程中的货币资金运动”（杜英斌，1998）。这一观点至少存在以下几个缺陷：第一，财务管理的环节不仅仅是货币资金的收支活动；第二，货币收支活动不仅仅是财务的事，如财政收支活动等；第三，避开财务关系的表述，难以说明财务的本质属性。

2．货币关系论

这种观点认为，“在苏维埃经济中还存在着货币资金的形成、分配与利用的基础上产生的广泛的货币关系体系”，“在国民经济各部门中客观存在的货币关系总体，表明生产的财务方面，构成苏联国民经济各部门的财务”（A. M. 毕尔曼，1956）。又认为，“企业和经济部门财务，按其本质来说，就是客观存在于生产经营中的货币关系体系”（李儒训，1989）。这一观点突出了财务关系的表述，但又避开了财务活动与经济活动的区别，忽视了财务活动的量的规定性，同时，该观点仍然把财务的本质局限于“货币”的范围内，所表述的财务关系也是不完整的。

3．资金运动论

在总结以上观点的经验基础上，我国财务理论家提出了这一观点。具有代表性的表述是："工业企业的资金运动，构成工业企业资金运动的一个独立方面，这就是工业企业的财务活动"，"企业的资金运动体现着企业与各方面的经济关系，即财务关系"（王庆成、李相国，1988）。该观点把外延从"货币"扩展到"资金"领域，也注重了财务活动与财务关系的统一，因而一直成为我国财务界占主体地位的观点。

王庆成等所提出的资金运动论在学术界产生了广泛而深远的影响，与当时的历史条件也是相适应的。其一，计划经济时期的"资金"概念比较符合财务的范畴，财务是财政的一部分，资金也可以不必区分经济性和非经济性；其二，计划经济时期，企业没有财权，企业的一切财务活动都是在没有财权的情况下发生的，企业的财务关系主要是国家的职能部门，关系比较单一，这也是资金运动论长期合理存在的现实基础。

但资金运动论仍然存在一些不足之处：第一，资金运动范围过宽，如财政资金、信贷资金等，财务用资金运动表述难以确立财务的特殊性及其真实内涵；第二，企业的某些财务活动及其体现的财务关系很难用资金运动表述，如应收、应付账款，与其说这些是资金，倒不如说是某种"权力"；第三，资金运动的财务本质表述与原会计对象的资金运动表述相一致，有混淆两者关系之嫌。

此外，还有分配关系论和价值运动论等观点，在此不再赘述。

二、本金投入与收益论的提出

基于财务本质不同观点所存在的缺陷，以及"本金"概念在财务学研究领域地位的确立，我国著名的财务学家郭复初适时地提出了新的财务本质观点：本金投入与收益论。

郭复初认为：由于商品生产与交换的存在，产生了货币范畴；当货币处于商品生产、流通与分配领域，体现财产物资的价值时，就转化为资金；处于物资生产、流通领域的资金，当它为生产与流通过程的进行而垫支时，就成为本金；本金的筹集、运用、耗费、收入与对收入的分配活动，形成了财务活动；财务活动具有经济属性——物质生产、流通过程中本金投入与收益的矛盾运动；财务活动又具有社会属性——体现生产关系的性质与特点。基于上述认识，“我们认为财务是社会再生产过程中本金的投入与收益活动，并形成特定的经济关系。简单讲，我们所持的是本金投入与收益论”（郭复初，1993）。

与前述几种财务本质相比，这一表述至少有以下几点推进的地方：

（1）资金运动论虽然是目前占主流地位的观点，但通过分析我们已经发现，“资金”概念外延太广，而只有“资金”下面所属的“本金”才恰如其分地包括了财务理论研究和财务管理实践的整个范畴。“本金”是财务资金的代名词，本金运动显然要比资金运动更靠近财务的本质表述，同时，本金运动的表述显然吸取了“资金运动”表述的所有优点。

（2）能反映财务的矛盾特殊性。一事物区别于其他事物的质的规定性，在于该事物特殊的矛盾运动。财务资金即本金的运动实质上就是本金投入与收益之间的对立与统一。本金的投入是取得资本收益的前提，没有投入就不会有产出；资产收益的取得又是投入本金收回的前提和本金增值的前提。但本金投入后能否获取资产收益，则取决于经济组织的财务与经济活动是否有效性和社会环境是否合理。这两方面的条件出现障碍，则可能发生有本金投入而无资产收益，或者投入多而收益少的情况，这又是两者的对立性。要使财务内在矛盾的两个方面能够统一起来，必须加强财务管理工作，从宏观上制定正确的财政政策与制度，从微观上进行财务的有效组织。从这里可以看出，财务本质用“本金投入与收益”表述，一方面反映了本金的运动形态和内涵，另一方面简单而恰当地体现了“投入”与“收益”之间的对立统一性。因而“本金投入与收益论”是财务本质最确切的表述。为更加简捷起见，本书下面将经常用“本金运动”来替代这一说法。

(3) 用本金运动作为财务本质表述，体现了本金作为财务基本细胞存在于财务的一切方面和一切领域（即无所不在）的思想，也与把本金作为财务研究逻辑起点相吻合，便于财务理论研究的整体展开和企业财务管理目标的实现（郭复初，1997）。

三、财权流：财务本质理论的一种推进

随着现代企业制度的产生和发展，一种与现代产权思想相适应的财务观念也日益成熟。“从西方财务的研究内容来看，在对融资政策、财务结构、投资规划、利润分配、公司改组等一系列财务基本问题的分析阐述中，始终渗透着‘权力’问题，完全可以说是‘价值’与‘权力’的综合考察，如果单纯从‘价值’来论述财务问题，会将其引入歧途”（汤谷良，1994），而且，“单纯以‘权利’论‘权利’，或者单纯以‘价值’论‘价值’，不可能得出正确的研究结论，也不利于发展财务理论，服务财务实践。财务管理不是简单的对资金运动的管理，而是借助于资金运动的管理实现产权管理，是‘价值’与‘权利’的结合”（汤谷良，1994）。从这个意义上说，不管是“资金运动”还是“本金运动”都只是一种价值的运动。如果说，“价值”是

从财务活动的现象中或从“物资流”中抽象出来的带有本质的东西的话，那么，在现代企业制度下，某种支配这一价值的“权力”则是隐藏在“价值”背后的更为抽象、更为实在的带有支配能力的本质力量，而且这一“权力”与该“价值”、“价值”与相应的“实物”都是附于一体的，只是前者比后者更抽象、更接近事物的内在本质。为此，我们提出关于现代企业财务的本质表述：财权流。

1．财权是现代财务区别于传统财务的根本标志，也是衡量企业是否真正开展财务活动的标准

用“财权流”作为现代财务的本质，有利于体现财务区别于其他事物（尤其是会计这一最相近的学科范畴）的矛盾特殊性，更有利于体现现代财务区别于传统财务的本质特征。“本金投入与收益论”可以作为任一时期财务本质的一般表述，但在现代企业制度下，就很有必要把“本金论”背后带有支配力量的矛盾特殊性体现出来，“财权流”的表述符合了这一要求。

2．一种理论的推进，往往是一个“扬弃”的过程，而不是全盘否定

“财权流”的本质表述是在吸取了“本金论”、“资金运动论”等“价值流”的优点并考虑到现代企业制度的产权思想下得出来的。所谓财权，是一种“财力”以及与之相伴随的“权力”的结合，即“财权”＝“财力＋（相应的）“权力”。这里的“财力”表现为一种价值，是企业的财务资金或本金，而相应的权力便是支配这一“财力”的所具有的权能。这样，用“财权流”来作为现代财务的本质表述，一方面可用“财力”的流动来替代“本金”、“资金”等“价值流”，发挥它们在本质理论上的优势，而且随着商业信用的发展，企业“应收”、“应付”项目已十分普遍，这些项目与其说是资金或本金，不如说

是一种“权力”或“财力”，这样，用“财权流”来表述或许更加贴近现实。另一方面，通过“权力”的流动来体现一种在现代企业制度这一特殊历史条件下的“生产关系”。也就是说，与财力相伴随的“权力”的流动过程，实质上就是处理权力双方“财务关系”的过程，这在一定程度上弥补了“资金运动论”及“本金投入与收益论”在字面上不能反映财务关系的缺陷。因此，财权流表现为“财流”和“权流”两个方面，即财权流＝财力流＋（相应的）权力流。

从产权角度来看，一组产权的交换或流动，实质上包括着一组价值的运动，也体现了一定的权、责、利的关系。现代产权经济学表明，“物质商品的交易实质上可以看成是这些物品所有者的一组权利交换，这一点是产权实际存在的原因。尤其对于一个复杂的交换过程来讲，产权的思想意味着权利的交换，是一个复杂的过程，因而交换实际上可以分解成不同的人拥有的不同权利之间的交换”（张军，1994）。阿尔钦丁脆说道：“产权不是人与物之间的关系，而是指由于物的存在和使用而引起的人们之间一些被认可的行为性关系。”（阿尔钦，1969）

3.“财权流”作为现代财务的本质表述，贯穿了财务基本理论的始末，在现代财务的理论体系中占据着核心和统驭地位

在以后的分析中我们将会发现，有了独立财权的企业才能称其为财务主体，也才能有自己的财务目标，独立地处理企业与外部环境的财务关系，并独立行使企业的财务职能。

总之，用“财权流”作为现代财务的本质表述，既充分体现了“本金本质论”的优势，又反映了“本金本质论”在新的历史条件下的特殊性，注重了“价值”与“权力”的高度融合。如果说，在传统的企业制度下，不讲财权的财务活动还能称之为财务的话，那么，在企业拥有充分的法人产权和财权的现代企业

制度下，在“法人治理结构”比较完善的前提下，如果脱离“财权”来谈财务，就很难体现现代财务的本质特色。因此，“财权流”是现代财务的恰当表述。

本章参考文献：

1. 郭复初：《国家财务论》，西南财经大学出版社 1993 年版。

2. 伍中信：《现代财务经济导论——产权、信息与社会资本分析》，立信会计出版社 1999 年版。

3. 李连华：“股权配置中心论：完善公司治理结构的新思路”，《会计研究》，2002 年第 10 期。

4. 王斌、高晨：“组织设计、管理控制系统与财权制度安排”，《会计研究》，2003 年第 5 期。

5. 伍中信：“财权流：财务本质理论的恰当表述”，《财政研究》，1998 年第 2 期。

6. 李心合：“利益相关者与公司财务控制”，《会计研究》，2001 年第 9 期。

7. 汤谷良：“经营者财务论——兼论企业财务分层管理架构”，《会计研究》，1997 年第 5 期。

8. 汤谷良：“现代企业财务的产权思考”，《会计研究》，1994 年第 8 期。

9. 伍中信：“本金起点论：财务研究逻辑起点的理性选择”，《财政研究》，1997 年第 4 期。

10. 贝多广：《中国资金流动分析》，上海三联书店 1985

年版。

11. 林康、王爱莲："论发达流通、价值产仔与资本经营"，《财经理论与实践》，1997 年第 1 期。

12. 陈共：《财政学教程》，中国财政经济出版社 1985 年版。

13. 张传明、毛志忠："中西财务管理发展之比较"，《财贸研究》，1994 年第 5 期。

14. 陆建桥："试论财务假设"，《四川会计》，1995 年第 2 期。

15. 赵德武："论西方会计目标理论不同学派的会计思想"，《会计研究》，1995 年第 4 期。

16. 王仲兵："刍议证券市场财务公开制度"，《黑龙江财专学报》，1994 年第 4 期。

17. 王化成：《企业财务学》，中国人民大学出版社 1994 年版。

18. 杜英斌："企业财务管理几个问题的思考"，《会计研究》，1998 年第 3 期。

19. 李儒训：《工业财务学》，企业管理出版社 1989 年版。

20. 王庆成、李相国、顾志晟：《工业财务管理学》，中国财政经济出版社 1988 年版。

21. 张军：《现代产权经济学》，上海三联出版社 1994 年版。

22. 刘诗白：《产权新论》，西南财经大学出版社 1995 年版。

23. 郭复初：《财务通论》，立信会计出版社 1997 年版。

24. 张维迎："所有权、治理结构及委托代理关系"，《经济研究》，1996 年第 9 期。

25. 张维迎："控制权损失的不可补偿性与国有企业兼并中的产权障碍"，《经济研究》，1998 年第 8 期。

26. A. M. 毕尔曼：《苏联国民经济各部门财务》（上册），中国人民大学出版社 1995 年版。

27. Y . 巴泽尔：《产权的经济分析》，剑桥大学出版社 1989 年英文版。

28. 阿尔钦：《公司管理与产权》（1969 年），译文见《经济社会体制比较》，1991 年第 1 期。

29. 科斯、阿尔钦、诺斯：《财产权利与制度变迁——产权学派与新制度学派译文集（中译本）》，上海三联书店、上海人民出版社 1994 年版。

30. Milgorm, J. & J. Roberts. 1992. Economics. Organization and Management. Englewood Cliffs, NJ: Prentcie Hall.

第三章

财务主体与财权分层理论

第一节 财务主体理论的经济学基础

财务主体是财务学理论体系中的核心概念之一。财务主体是否存在或确立，是财务理论体系能否确立和完善的关键。本书试以市场经济为背景，从市场主体、产权主体的分析入手，进一步阐明财务主体的内容和特征，以便最终确立现代财务在市场经济中的地位和作用。

一、市场主体确立的产权基础

1. 市场主体的内涵及特征

市场经济的建立首先应依赖于市场主体即市场交易者或活动者的确立。“市场是一群厂商和个人为买卖某商品而彼此进行的接触与交往”（E．曼斯菲尔德，1992），“要有市场交换，必需得有市场行为的主体，所谓市场主体，就是进入市场的商品的所有者，市场交换乃是市场主体之间所有权的交换”（吴敬琏，1993）。

依此可见，市场主体系指能动地进行市场活动的人，包括自主从事市场活动的自然人和法人，规范地说，“市场主体系指具有独立的产权，享有自主从事市场活动的权利并承担责任，具有自身经济利益并努力使其最大化的自然人或法人”（程民选，1996）。这一定义所揭示的市场主体的内涵是：（1）市场主体拥有独立的产权，市场交易的实质是权利的交换，交易双方必须对所要交换的物品有明晰和专一的可供自由转让的产权；（2）市场主体是市场活动中的自主决策者，市场活动中若缺乏自主权，不能自主进行生产经营、融资投资、择业选购等，只能是附庸而绝非主体；（3）市场主体是自身利益最大化的追求者，人们从事经济活动旨在谋求自身经济利益，这是马克思主义早已阐明的基本观点，绝不可能存在没有自身经济利益、不以利益最大化为市场活动目标的市场主体。以上三者是市场主体的三个不可或缺的规定性要素，共同构成市场主体的基本内涵或基本特征。是否具备这三个特征，就成了衡量是否能成为市场主体的尺度。依据这一标准，政府不能成为市场主体，而企业（或其他经济组织）和家庭则有可能成为市场主体。

在传统的计划经济体制下，人们也称从事经济活动的单位为“企业”，而家庭也一直作为社会的基本细胞而存在。但是，由于众所周知的原因，它们都不是市场主体。当我们在改革进程中终于认识到市场机制对于资源的有效配置是不可或缺时，我们却面临着一个如何使国有企业成为真正的市场主体的难题，以及对于家庭成为市场主体的理论论证和实践培育的任务。正是改革实践提出了在中国确立市场主体这一根本任务。

2. 产权独立是市场主体确立的财产基础

产权独立，是指所有或占有主体对其所有或占有的财产依法享有支配、处置、收益等排他的权利。产权独立作为市场主体确立的财产基础，之所以是最重要的条件，在于其他两个条件都密切依存于它。只有在享有独立的产权，从而拥有进行市场活动的财产基础的前提下，市场活动者的自主决策权才可能落到实处，而追求最大经济利益也才会有所依凭，以形成激励和约束的内在机制。由于产权不独立而企业自主权难以落实的情况，已在我国国有企业改革中得到证实。

产权独立是市场主体确立的首要条件，还可以从市场主体的活动不能没有财产基础来认识。首先，拥有一定的财产权利是进入市场的必要条件。也就是说，市场主体之间的一切交易活动，都是建立在各自拥有财产的基础上，没有相应的财产，不可能进入市场，这是因为没有谁会愿意同一个没有任何产权的人进行交易，除非上当受骗。其次，拥有独立的产权，是市场主体在市场活动中相互建立平等契约关系的前提。平等契约关系达成的条件是各方具有平等的地位，即各自都有独立的地位，而各自的独立地位只能基于各自独立产权的存在。再次，只有产权独立才能形成激励和约束机制，也才能进行真正的经济核算。如果产权不独立，经济活动中难以形成激励和约束机制，经济核算也将流于形式，即要么是无心“精打细算”，要么是“信息失真”，坑害国家或所有者。总之，产权独立是市场经济得以确立的财产基础，无论是企业、家庭或是其他经济组织，要想真正成为市场主体，首先都必须具备“产权独立”

这一根本条件。

二、财务主体的基本内涵和特征

前文已述，财权是现代财务研究的逻辑起点，对于财务主体的基本内涵和特征的分析自然也应该从“财”和“权”这两方面考虑。从财流方面考虑，财务本质要求财务主体追求自身财力的最大化，即财务主体必须具有经济性与目的性；从权流方面考虑，财务本质要求财务主体必须对财力拥有独立的支配权，即财务主体必须拥有独立的财权。归纳起来，财务主体具有以下几个特征：

1. 财权独立性

如同产权独立与市场主体的关系一样，没有独立的财权，就不能形成财务主体，财权的取得并独立化是一个组织成为财务主体的根本条件。没有财权的财务，不能称为真正的财务，也就不可能形成财务主体，当然也不能成为拥有独立产权的市场主体。这里所指的财权独立应包括如下内容：（1）产权明晰，即具有明确界定的财产范围；（2）独立核算权；（3）独立的财务自主决策权，并承担相应的责任。

2. 经济性

财务主体所从事的财务活动均带有经济性，“企业财务是生产财务，同生产和销售紧紧结合在一起，财务活动不是置于再生产过程之外，而是深入到再生产过程之中”（张国干，1979），正是财务活动的经济性决定了财务主体的经济性。至于各种非经济性的实体，如各级行政机关和完全依赖国家拨款的事业单位，都不能构成财务主体，其资金收支活动实质上是国家财政资金的收支活动，属财政管理的范畴。

3．目的性

财务主体从事财务活动应有自己的目标，并根据这一目标来规划自己的行动。

依上所述，财务主体的概念可以确切地表述为：财务主体系指具有独立财权（产权），进行独立核算，拥有自身利益并努力使之最大化的经济实体。该概念表明，财务主体应是市场主体，具有独立产权（进一步理解为财权）和目的性的市场特征，但并非所有市场主体都是财务主体，财务主体是市场主体中的那些能够独立核算的经济实体，一般的家庭作为市场主体但不一定是财务主体。值得一提的是，有的学者主张财务主体具有“价值性”的特征，认为“财务主体主要运用价值手段进行活动”（谷峰，1996），我们认为，这样理解是混淆了财务主体和财务本身的概念。财务主体是一个经济主体，如企业，其财务管理活动是带有价值性的特征，作为财务主体的“企业”也完全带有“价值性”特征吗？这显然是不够确切的。

同市场主体的概念一样，财权的独立性是财务主体的首要条件和关键因素。我国传统的国有企业虽然都称作“企业”、“财务主体”，但只能是会计主体，这个“企业”也不能叫“市场主体”。由此看来，要构建社会主义市场经济的市场主体，与构建真正的财务主体有着几乎相近的重要意义，其共同的关键在于产权或财权的独立。

刘贵生在其博士论文中从“财务分配权”的归属讨论过财务主体问题。他认为，在独资、合伙企业中，由于企业产权与企业资产所有权合一，其财务主体是一元化的；而股份制企业和我国国有企业，由于企业法人和原始产权主体均拥有一部分财务分配权，因而它们的财务主体具有“二元化”的特征；随着形势的发展，“在现代股份公司，所有者集团作为公司财务主体越来越只具有一重形式上的意义，真正的财务主体日趋移位于公司本身这一经济实体”（刘贵生，1995）。我们认为，财务分配权是财权的一部分，上面的论述可以从产权与财权的基本关系中得到进一步的认识：在独资或合伙企业中，产权主体单一，财权也没有发生分离，因而财务主体是单一的。随着两权的分离，财权也由原始产权主体让渡一部分给法人产权主体，两主体各自拥有一部分不同内涵的财权，尤其是股份制初期或法规制度不健全时期，原始产权主体对自己的投资不放心，因而在股份制初期和我国国有企业现阶段，其财务主体呈现“二元化”特征。但是我们必须明确，二元化的财务主体，必然会带来二元化甚至多元化的财务目标，最终会导致企业财务无所适从，应予及时纠正。而只有可能到了公司的“法人治理结构”完善之时，有了充分的约束和制衡机制之时，这一情况才会改变。因为只有在这时，企业才会取得制衡和约束下的独立的财权，外界所有者也才不会干预企业的财权。只有独立的财权才是财务主体确立并走向“一元化”的根本保证。

三、财务主体与其他“主体”的关系

1．财务主体与产权主体、市场主体

前文已述，市场主体必须是拥有独立产权的主体，因而我们不必在此对市场主体、产权主体作出区别。这样，财务主体必须是产权主体或市场主体，而后者则不一定是财务主体。如家庭是市场主体，但不能成为独立核算的经济实体。

2．财务主体与法律主体

两者是交叉的关系，如独资、合伙企业可能是财务主体，但不是法律主体；一个没有独立财权的法人企业可以是法律主体，但不是财务主体。非经济属性的行政、事业单位可以是法律主体，但不是财务主体。

3．财务主体与会计主体

财务主体必须是会计主体，但会计主体不一定是财务主体，没有独立财权，不具备经济性的会计主体不是财务主体。也就是说，会计主体不一定是经济实体（如行政事业单位会计），而财务主体必须是具有独立财权的、经济性的会计主体。我国传统的国有企业作为独立的核算单位只能称为会计主体，而不是真正的“财务主体”。此外，会计主体与财务主体在确立的目的和侧重点上也有所不同，会计主体的确立在于规定一个核算空间范围，侧重于确立一个产权明晰的界区；而财务主体的确立主要是为了突出经济实体内在所拥有的某些权力或权能。两者分别侧重于产权外表和内在的分工关系。在这里，财务主体与法律主体确立的目的有类似之处，法律主体的确立主要不是为了给企业设立什么空间范围，而是指出该主体是否具有行使法律规定的某些权限的权力，有这些权力的就是法律主体，否则就不是。财务主体显然是在会计主体界定空间范围的基础之上，对该主体是否拥有独立财权和经济属性的再确定。

第二节
财权分层理论与财务主体一元性

自从学术界提出现代企业财务的分权分层管理以来，该观点已得到了社会的广泛认可。财务的分权分层管理有利于职责分工，以使财务活动有序有效、科学合理地进行，这本是其积极的方面。然而近年来在财务主体研究方面，有些学者却依据两权分离下的财务分层，提出了财务主体二元性观点，认为财务主体包括所有者财务与经营者财务，从而造成了一元性与二元性两种观点的争论。因此，我们认为理清财务分层分权理论与财务主体之间的关系对研究财务主体的属性是至关重要的。本书拟在此方面进行一些探讨。

一、财权分层理论的相关性分析

（一）财权分层理论的理论依据

1. 两权分离的是财权分层理论的理论来源

在我国，随着产权概念的引入，“财务分层”已成为理论界、经济界争相讨论的热点。对一个企业来说，不同的产权的分化、组合与安排构成产权结构，产权结构决定着企业制度，影响着企业的效率结果。现代企业的产权结构最显著的特征就是所有权与经营权的分离。所有权支配者依法享有资产收益、重大决策和选择管理者的权利，经营权支配者依法享有法人财产的占有、使用、处分和相应的收益权利，这两方面的权利具体到财务管理，分别形成所有者财务和经营者财务。这就是现代企业财务分层管理的理论来源，也就是说两权分离带来了财务分层理论，同时也带来了财权分层理论。

2. 委托代理理论是财权分层管理的理论基础

委托代理关系是指“一个人或一些人（委托人）委托其他人（代理人）根据委托人的利益从事某些活动，并相应地授予代理人某些决策权的契约”。财权分层理论的核心——财权的有效配置是完全可以置于委托代理这一理论框架中进行分析的。因为，企业的所有者是否将某些财权以及将哪些财权让渡给其他理财主体，归根结底是其将代理收益和代理成本进行比较和权衡的结果。如果某一财务事项因委托代理而产生的代理收益大于其成本，则所有者便会让渡该财务事项的处理权，反之则反是。这样，层层委托的过程，就是层层授权的过程。既然委托代理理论是财权分层管理的理论基础，所谓的分层就应该是具有委托代理关系的分层，是具有产权关系的上下级之间的分层。

3. 财权具有可分性、可明晰和独立性等特征，使财权分层次管理成为客观必然

财权表现为某一主体对财力所拥有的支配权，包括收益权、投资权、筹资权、财务预决策权、财务监督权等。随着现代股份公司的产生与发展，原始产权与法人财产权分离，财权也随之由原始财权派生出法人财权，并在企业内部进一步细分，财权呈现出分置的特征，由此引导出财权的分层管理问题。但我们必须明确，所让渡和分离的财权必须是责权利明晰的和相对独立的，否则就成了产权模糊或财权模糊了。

综合上述观点，我们认为，财权分层是因两权分离而产生的，并按照委托代理关系在具有产权关系的上下不同层次之间进行的财权分割，分割后的财权应具有明晰性和独立性等特点。

（二）财权分层与财权分割、财权割裂的关系

1. 财权割裂：对财权分层理论的违背

如前所述，财权分层是按照委托代理关系在具有产权关系的上下不同层次之间的财权分割，分割后的财权具有明晰性和独立性等特点。而财权割裂则是在不具备产权纽带的同一级别的管理部门之间分割财权。由于不同部门之间缺乏产权纽带，因而存在利益上的冲突，最终导致争权夺利、责权不明、事权不清、效率低下。在我国旧有国有资产管理体制下，“五龙治水”乃至“五

马分尸”的格局就是一种明显的财权割裂现象。

2. 从财权分层到财权分割

财务理论的发展一直是以经济学的发展和演进为基础的。与此相对应，随着公司治理结构的变化及人们对治理结构研究的深入，财务理论中关于财权的分配方式也发生了相应的变化。

(1) 公司治理结构：从分层治理到共同治理。传统的看法认为，资本雇佣劳动潜在的逻辑是，股东投资设立企业，投入的资本转化为专用性资产，如设备、厂房等。由于这些资产的专用性与可抵押性（人力资本是不可抵押的），使得企业经营的风险由这些专用性资产的所有者承担，相对应地股东便享有剩余收益权，也就是拥有企业。而其他要素所有者，如人力资本所有者，由于其流动性、不可抵押性和难以度量的特点，所以雇员只能成为固定收入者，接受雇主的指挥。这一逻辑把企业内部治理结构抽象为股东与经理的委托—代理关系，如图 3－1 所示①。

现代企业理论认为，企业不是一个生产函数或生产主体，而是一组契约关系或利益分配机制，其体现在现实社会经济中，就是占统治地位的大量的有限责任公司和股份有限公司的存在。对于这些公司的股东来说，股权是公司赋予他们的权利，无论适用范围还是自由度都大大弱于原来的资本所有权。也就是说股东对公司的绝对控制是不存在的，因为股权的运用受到其他利益相关者的制约。这就是在现代企业理论模型下的“共同治理机制”（杨瑞龙、周业安，2000）。共同治理机制认为，企业是一组契约的集合，而这组契约不仅包括股东和经营者，还应包括债权人、员工、政府、社会公众、供应商、顾客等。控制企业治理的

① 本图引自：杨瑞龙、周业安：《企业利益相关者理论及其应用》，经济科学出版社 2000 年版。

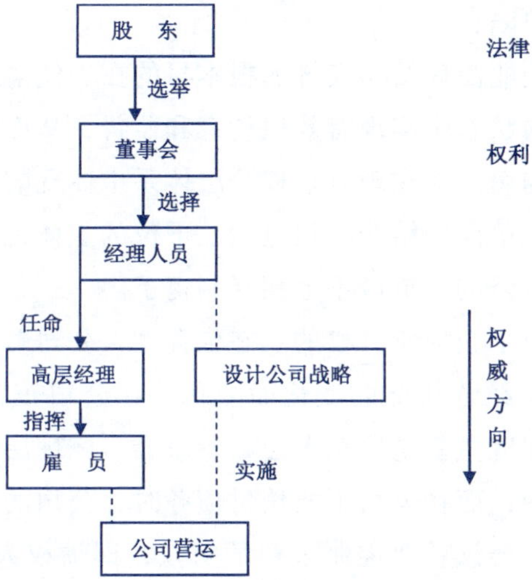

图 3－1 公司治理结构的传统模型

专业化投资中的任何一方，都会要求参加企业分配，股东获得红利和股息，债权人获得利息，经营者和员工获得工资和报酬，客户与供应商从与公司的交易中获得利益，政府对企业收税。这样，公司由经营者负责日常管理控制，以股东为主的各利益相关者对企业形成一定形式的监控，外部力量也对公司起到约束和规范作用（李心合，2003）。

（2）财权分割：对财权分层理论的推进。汤谷良在《经营者财务论》一文中认为，只有针对财务事项的不同特点，将财权分割给所有者、经营者及其他利益相关者等不同的理财主体才是最有效率的。很明显，出资者、经营者、财务经理财权分层体系的经济学理论基础是图 3－1 所示的企业治理模型。从该图来看，出资者、经营者、财务经理财权分层体系是一种单向的、科层式的结构，这时的权威方向是一种自上而下的关系。

然而，随着利益相关者共同治理模式的出现，财权分层理论将出现种种缺陷：

第一，企业治理结构安排的根本目的在于使诸方面资产权力在相互分离的状态中实现有效地约束和监督，从而达到诸方面利益和权力的均衡。而在现有财权分层体系中体现的是一种自上而下的关系，是单向的结构。很显然，下位的主体是不可能对上位的主体进行监督的，更谈不上相互制衡了。

第二，由于企业所有权的状态依存性，公司财权的配置会随着企业财务和经营状况的变化而变化。在公司正常经营的状态下，财权的配置主要是股东大会、董事会、经理层和监事会之间的分层次管理；而在公司不能偿付债务时，公司的债权人及其所组成的债权人会议就要控制公司的财权，即债权人的相机治理。也就是说，财务治理主体可能是该财务主体之外的主体，他们所掌握的财权不属于分层的范畴，是一种平行的主体。除此之外，在相应的状况下，其他相关者也可以进行相机治理①。这些无疑是现有财务分层理论的一大不足。

所以，我们认为，在“共同治理机制”下各利益相关者的财务关系更趋向于平等的关系：各利益相关者在缔结企业这个契约的时候就是以平等方式加入的，那么财权也会以平行分割的方式分配，而不是一种单向的、科层式的结构，也就是说各利益相关者以图3-2所示的方式共同对财权这块“蛋糕”进行分割（当然，“蛋糕”也可能是分层的）。

---

① 张维迎（1996）曾对此作出过分析：若企业处于“$w+r<x\leqslant x+r+\pi$”（x为企业总收入；π为股东最低预期收益；w为应付工人的合同工资；r为债权人的合同收入，包括本金和利息）时，则股东在企业治理结构中处于支配地位；若企业处于“$w\leqslant x<r+\pi$”时，则债权人在企业治理结构中处于支配地位；若企业处于“$x<w$”时，则工人在企业治理结构中处于支配地位；若企业处于“$x\geqslant w+r+\pi$”时，则经理人员在企业治理结构中处于支配地位。

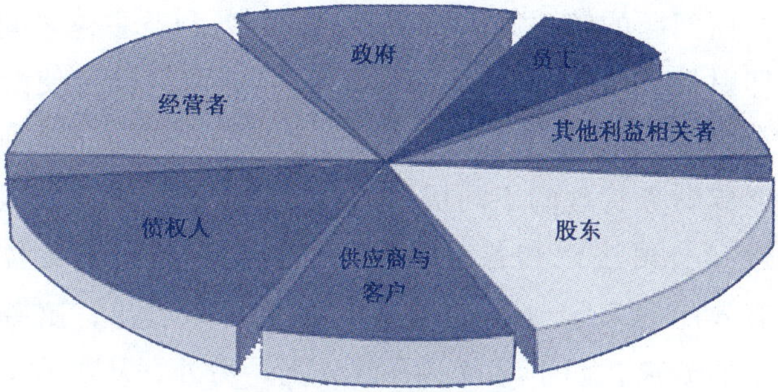

图 3－2 财权平等分割模式

需要指出的是，平行分割的优点在于，即最大化地考虑了所有利益相关方，又有重点地照顾了主要相关方的利益，这从图3－2不同利益相关各方占有的不同份额可看出。毕竟，不同参与方对企业资产的收益率水平的影响程度是不同的，相应地，他们控制的财权比重也就不同。所以，从某种意义上来说，财权平行分割模式并不是对财权分层的否定，而是建立在财权分层理论的基础之上，对其治理主体外延的扩大以及对共同治理理念的强化。另外，我们也必须注意到，财权分层是财权分割在公司正常经营时的情况，因此，我们也不能因财权分层的不足而用财权分割来完全取代财权分层，财权分层理论仍是目前我们研究的主题。

（三）财权分层理论：财务分层理论的核心

两权分离以后，所有者与经营者出现了委托—代理关系，而股东与董事会（此时为经营者身份）之间、董事会（此时为出资者身份）与经理人员之间由于财务目标的不同，出现了代理成本问题，这也是公司在两权分离状态下要解决的关键性问题。这些问题也是出资者财务、经营者财务及财务经理财务共同关注的问题，而问题的解决则主要在于财权在各利益主体之间的有效分割，即财权分层管理。汤谷良认为，“除监事会行使财务监督外，股东大会、董事会总经理、财务经理三个瓜分了企业的全部财权，形成财务管理的不同层次的观点，这三个不同层次的财务管理通过《公司法》和各公司章程的规定，明晰了各自享受的财权和有效的约束”。从汤谷良的论述中可以看出，财务分层来源于财权的分离，归于财权的有效分割。另外，从本质上讲，财务分层理论只是为了界定产权关系，明晰主体的责权利关系。而对于企业，财权自然是产权的核心。因此，可以这么说，财务分层理论归根到底是财权的分层管理。这样，我们以后财务研究的重点应放在财务分层的核心——财权分层管理方面，不应该停留在财务分层的表面，从而导致一些不必要的麻烦。例如，由于所有者财务而出现所有者财务主体，由于经营者财务而出现经营者财务主体，等等。

二、一元性：财务主体的真实属性

（一）财务主体二元性违背了财务主体涵义

“如不论其主体，财务必然在经济运行中迷失方向，难以发挥其应有的功能，这就如同谈会计而不论其主体一样，会造成会计范围混乱，会计信息失真。”（郭复初，1997）正如会计主体是指会计信息所反映的特定单位或组织一样，规定了会计工作的空间范围。财务主体是财务活动的载体，即独立从事财务活动的一个空间范围。那么，财务主体二元性理论是如何定义他们的范围的呢？干胜道（2001）在分析所有者与经营者的财权分割中提到“通常所有者保留重大财务决策权……由董事会或股东大会决定”，显然，股东大会和董事会是所有者；“股份公司的经理拥有的财权不可能是绝对完整的”，可见经营者是指经理。我们认为，股东大会是所有者而经理层是经营者可予确认。然而，董事会中大部分是股东董事，他们既是原始出资人又受雇于全体股东，具有所有者和经营者的双重身份。正因为如此，有的学者将其放入所有者，而有的学者将其放入经营者①。那么董事会是放入所有者财务主体还是放入经营者财务主体呢？或者说这两个财务主体所包括的范围有交叉部分。可见二元性财务主体明显连这个空间范围都无法确定下来，那又怎么称得上财务主体呢？

另外，企业财务活动包括筹资、投资和利润分配等活动。这一系列的财务活动只有一个服务对象，形成的财务关系也只有一个出发点，所以财务的立场只能有一个，否则也就无所谓主体了，这是企业财务主体的一个重要特征。只有这样，财务管理者也才能把握判断、决策的立场，否则就会发生混乱。例如，所有者对企业的出资，从所有者主体的立场出发称之为投资，从经营者主体的立场出发则称之为筹资。这样，我们是保护所有者利益好还是保护相关者利益好呢？可见，财务主体二元性还带来了企业财务目标二元性。

独立性是对财务主体的关键理解，是指能够在不受外界直接干扰的情况下，自主地进行融资、投资、分配等一系列财务活动。如果只能独立地从事某项财务活动，那就不是真正地拥有独立性，而只是相对的独立性。正如郭复初所说的，“财务主体是利益主体，但利益主体并非都是财务主体，只有那些具备完备财务活动的利益主体如国家、企业等才是财务主体，非此就非财务

① 显然，干胜道是将董事会定为所有者的，而汤谷良在《经营者财务论》中将其定为经营者。

主体”。有的学者认为，所有者财务主体可以融资、投资和收益分配，其财务活动是完整的（干胜道，2002）。我们对此持有不同的看法。其一，财务的本质是本金的投入与收益活动，尽管选择经营者涉及到资金的运动，然而其本身并不是资金运动，因此，对经营者的选择不是财务活动，而只是所有者对企业的一种控制而已，这种控制通过人事权来实现。其二，出于对企业法人财产权的保护，对于所有者而言，其面对的是法人财产而不再是自己拥有完全所有权的财产了。如果他要对自己掌握的股份进行选择处理，这只是所有者个人的理财行为，而不是企业的财务活动；当投资者从法人财产的所有者角度出发时，他也只拥有部分财权，相应地，也只有部分企业财务活动。通过以上分析，财务主体二元性观点显然是没有正确理解财务主体的涵义。

（二）企业：真正的财务主体

1. 范围确定

现代企业理论认为，企业是一系列合约的有机联系，其中，投资者与经营者之间的委托代理合约是最重要的合约。另外，我国《公司法》中也规定，现代企业治理结构是由股东大会、董事会、监事会和经理人员共同组成的。其中，出资者（股东）与董事会是信任托管关系，董事会受股东大会信任托管公司的法人财产。董事会与经理人员之间是委托代理关系，代理人以委托人的名义活动，确保经理与企业财务管理两者的目标一致，并保证财务管理工作的质量。从上可以看出，企业是一种由一定要素构成的组织，其中主体性要素包括股东大会、董事会、经理等。这样，企业这个财务主体所确定的范围就不会出现“所有者财务主体”和“经营者财务主体”之间的交叉情况，因为董事会也是企业的一部分。

2. 符合独立性特征

拥有不完整财务活动的主体是不具有绝对独立性的，因此也不是财务主体。企业由股东大会、董事会和经理等组成要素构成，每个要素都有自己的财务活动，这些财务活动构成完整的企业财务活动。因此，只有企业才能囊括全部的财务活动，才拥有真正的独立性。将财务活动的独立性对应到财权方面，那就是财务主体必须拥有独立完整的财权。然而所有者和经营者都只具有部分财权，只有将他们融合在一起的企业才具有完整的财权。所以，只有企业才是真正的企业财务主体。

3. 以企业为立场符合市场经济与企业发展的要求

（1）企业所有财务活动的立场应该是唯一的，这是财务主体的重要特征。由于企业拥有完整的财务活动，把企业作为财务主体，自然保证了立场的唯一。

（2）市场经济的需要。不论财务的具体决策者是谁，也不论资产来源于何处，财务活动都只能以企业的名义为市场所认可，参与到市场经济中来；任何财务管理者也只能以企业而非自己的名义从事财务活动。我们进行经济理论分析时也是从企业着手，以企业为个体，而不是其出资者，也不是经营者，因为市场上资源配置的主体是企业，交易的主体是企业。另外，市场中一个重要的市场就是金融市场，金融市场瞬息万变，只有从企业立场出发，企业才能从自身的经营需要出发，及时捕捉市场上的有利时机，进行有效的财务活动。

（3）企业发展的需要。现代企业制度以企业原始产权和法人产权的分离、企业成为拥有其法人财产权的主体为特征，原始产权、法人产权、经营权虽相互分离，各有主体，但却统一于公司整体之中。只有把企业自身作为财务主体，以企业为财务活动的立场，才能保证企业的财务活动从始至终结合企业的实际，作出有利的财务决策。通过以上分析，我们认为，以企业作为财务主体保证了立场的唯一性，而且也是市场经济与企业发展的要求。

（三）一元财务主体下的多元财务管理主体与多元财务治理主体

前面论述了企业是真正的财务主体，那么代表所有者的股东大会与代表经营者的经理，还有兼具所有者与经营者的董事会在企业财务中扮演什么角色呢？我们认为他们是财务管理主体。由于财务与财务管理这两者涵义的截然不同，就决定了财务主体与财务管理主体是不同的。关于这两个主体，郭复初在其《财务通论》中有段精彩的论述：“财务主体与财务管理主体并非同一。首先，财务管理主体是财务机构和财务人员。而财务主体是财务活动的载体，其概念在某种意义上与财务管理客体——财务活动与财务关系相通。其次，财务活动是一种实践活动，它发源于一定的空间并服务之，这种空间构成即是财务主体。亦即财务主体强调的是财务管理主体为谁有效利用财务资源，提高财务效益，正确处理财务关系的问题。而财务管理客体强调的是财务活动的一般性内容，即指财务管理主体应该干什么的问题。第三，为使财务管理客体与财务主体相适应，财务主体设置了财务管理主体，使之科学运用财务手段，促使财务客体运动的结果符合财务主体的目标。”（郭复初，1997）从中可以看出，财务管理主体是财务活动的参与者与执行者，是在财务主体范围内进行财务活动的主体。从现代公司的法人治理结构来看，企业的股东大会、董事会和经理人员都拥有财权，他们都是财务活动的参与者与执行者，从而都是财务管理主体。“财务管理主体是根据企业内部决策机构组成，具体行使财务管理权力的机构，可能是企业内部股东会、董事会，也可能是高层经理层。而具体落实到谁，则受到企业的组织形式及公司法人治理的影响。”（张捷飞，1998）另外，由于企业中有多个财务管理主体，因而财务管理主体是多元的。“财务管理中产权经营思想的导入，多层次财务管理关系的建立，多元财务管理主体的出现都是市场经济下企业财务管理行为的新特征。”（汤谷良，1997）这些财务管理主体共同为企业这个财务主体服务。

此外，财务的价值与权力的二重性决定了我们在研究财务管理理论的同时有必要分析财务治理理论。财务管理是有关资金的筹集、投放和分配的管理工作，是以资源配置为核心的价值管理。而财务治理则是一个关于财权制度安排的契约控制理论体系，是财务管理运行的制度基础。与财务管理拥有财务管理主体相对应，企业也有着从事财务治理的财务治理主体。目前，理论界普遍认为，公司在正常经营的状态下，财务治理主体应是股东大会、董事会、经理层和监事会。从上可知，股东大会、董事会、经理层既是财务管理主体又是财务治理主体，两者并不矛盾，相反，这是财务二重性使然。监事会由于不从事具体财务活动，而是出于制度上的制衡所考虑，因此，监事会是财务治理主体而非财务管理主体。某财务主体外的财务主体（如债权人）也可能构成该财务主体的财务治理主体，然而，以上主体都不能与财务主体等同或与其并驾齐驱，只有企业才是真正的企业财务主体。这种财务主体的一元性与财务管理主体以及财务治理主体的多元性，既使企业作为市场竞争的主体具有了独立性，又使其内部财权划分具有了合理性。

三、财务主体范围内的财权分层理论

企业是财务主体，包括股东大会、董事会和经营者等财务管理主体（财务治理主体）。然而企业只是一个虚拟的利益主体，在本质上是一个“契约的结合体”，企业的财务活动最终要通过所有者与经营者等财务管理主体来完成，企业本身是无法活动的。因此，企业财务管理工作就要分配给每个组成要素，从而出现了企业财权的分割。也就是说，财务主体的明确为财权的分层管理确立了前提，而不是因为财权分层管理导致了不同的财务主体，财权分层管理的实质仅仅是有利于企业财权的合理分工和责任的明确划分；财权的分层管理是在企业这一财务主体内各财务管理主体（或财务治理主体）之间的分层管理，而不是所有者财务主体与经营者财务主体之间的分层管理。财务主体二元性理论就是由于没有理清这些关系才产生的。

四、小　结

（1）根据财权分层理论的理论依据，财权分层是因两权分离而产生的，并按照委托代理关系在具有产权关系的上下不同层次之间进行的财权分割，分割后的财权应具有明晰性和独立性等特点。

（2）所有权和经营权的分离导致理论界出现了财务分层理论。然而，两权分离下要解决的根本问题是由委托—代理关系带来的，而解决这些问题的关键就在于财权如何在各利益主体之间有效分割。另外，由于财权的核心作用，财务分层理论的核心是财权的分层管理。

（3）财务主体二元性违背了财务主体涵义，某企业的所有者和经营者都不能单独成为该企业的财务主体。只有企业才是真正的财务主体，股东大会、董事会和经理人员都只是财务管理主体（或财务治理主体）。在企业这个财务主体范围内拥有多元财务管理主体（或财务治理主体）。

（4）财权分层理论与财务主体的关系是：财务主体的确立为财权的分层管理提供了前提，财权的分层管理是在财务主体范围下财务管理主体（或财务治理主体）的分层管理。

（5）根据以上结论，我们得出关系图3－3。

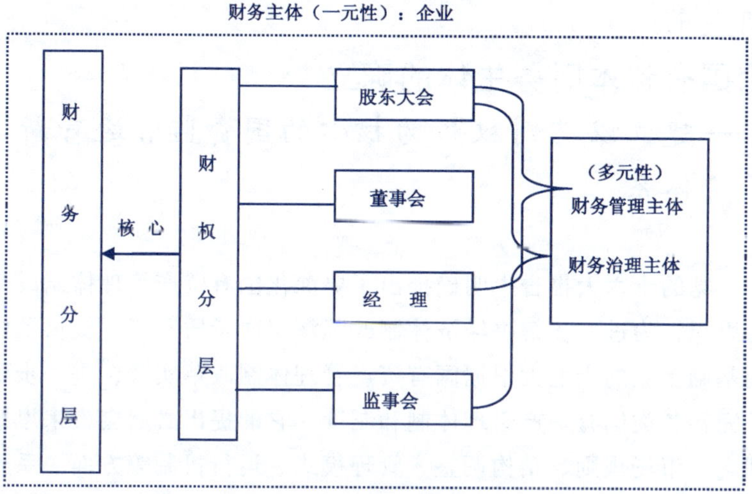

注：在出现债权人的相机治理状态时，企业外的债权人将成为该财务主体的又一财务治理主体，财务分层也将被财务分割所取代。

图3－3　财务主体与财权分层理论关系

（6）有的学者认为两权分离带来了财务主体二元性，正如干胜道在《两权分离与财务主体的二元性研究》（《财会月刊》，2002年第4期）中所述“两权分离导致财务主体出现二元化特征是必然的”。然而，通过上述分析我们得知，两权分离带来的只是财权分层理论，而不是财务主体二元性；而且财权分层理论也没带来财务主体二元性，相反，财务主体的确立还是财权分层的前提。因此，其逻辑顺序应该是两权分离带来了财务主体范围内的财权分层管理；而不是两权分离带来的财权分层导致了财务主体二元性。至于其他问题，大多是受这一本质问题影响而产生的。只有明确了这个本质问题，才能理清关系，为其他问题的解决提供前提条件。

第三节 论国有资本财务主体的确立——建立以“财权”为核心的国资监管运营新体系

党的十六大报告中明确提出了要深化国有资产管理体制改革的思想，为进一步解决经济体制改革深层次矛盾和问题提供了体制基础。党的十七大根据国有资产管理体制改革实践，进一步要求完善各类国有资产管理体制和制度。它的提出必然会带来思维理念、市场规则、结构调整、管理模式、运行机制等方面一系列的深刻变化。我们认为，财权的独立与完整是国资监管运营体系完善的根本条件，成立国有资产监督管理委员会实际上是明确了国有资本运营的财务主体地位，是产权与财权在长期分割之后的一次整合和强化，对国有资本的财权实施分层次管理将为国资监管提供良好的运营基础。

一、产权虚置与财权割裂：国有资本问题的深层次原因

中国拥有数量庞大的国有资产。在中国原有的国有资产管理体制下，国务院是国有资产出资人的唯一代表，实际上却是多个部门分割行使出资人职能：计委负责立项，经贸委管理日常运营，劳动与社会保障部门负责劳动与工资，财政部管理资产登记和处置，组织人事部门和大型企业工委负责经营者任免，这种模式被戏称为“五龙治水”。如果按照出资人的三大权能——资产收益、重大决策、选择管理者来细分，则有多达 9 个部门在负责。这样，国有资本的宏观财务管理权分散在不同的部门，国家计委主管国有资金投资分配和回收投资的再投资以及各类国家投资公司，增量资产一旦形成现实营运能力，就作为存量资产转交给企业主管部门，由它们从名日不同的侧面进行管理。对十国有资产的发包、租赁、联营、股份制经营等项工作，由财政部门为主会同有关部门管理。由于多元化管理，权力交错、职责分散，结果是人人经营国有资产，但谁都不对国有资产的最终经营结果负责，国有资产使用效益很低。（1）投资主体和产权主体与经营主体相脱离，投资缺乏有效的责任约束机制。国有资产投入与经营相脱离，建设部门只注重建设、筹资，经营部门只注重生产经营，各部门之间缺乏有效的衔接，没有有效的监督约束机制。（2）资产管理监督不力，任意处置国有资产。国有资产占有单位不按国有资产的管理办法执行，对国有资产盲目处置，任意无偿调拨，造成国有资产流失。据统计，中国的国有企业占用了整个社会资源的 70% 和其他资源的大部分，但对经济增长的贡献率却只有 30% 左右。

“五龙治水”的实质，是国有资产产权主体拥有产权的不完整，核心是财权的割裂。作为产权代表的国务院，表面上拥有国有资产的完整产权，但国务院底下的各相关部门，都只拥有产权的一部分权能，如占有权、处置权、转让权、收益权及相对应的投资权等权能的一项或几项。因此，国有资产产权主体所拥有的只是虚的、缺少完整财权的产权。这样，国家的行政管理和产权管理仍然不能截然分割。有关部门不分主次地想插手并分割国有资产管理权限的局面也就在所难免，国有资产管理部门的产权主体地位在现实中很难确立和巩固。

财权作为产权权能的核心部分，随着原始产权主体让渡财产于法人产权主体，也为法人产权主体所拥有。与此同时，原始产权主体也应拥有相对称的收益权。但在我国，国有资产管理部门这产权主体的财权权能不但未增加，反而在国家各职能部门之间相互磨擦和抵消了；与此同时，随着改革的深化和进一步的放权让利，企业拥有的财权越来越大，企业法人的财权与原始产权主体所拥有的财权差距就不断扩大。这样，财权的对称性控制越来越弱。加上缺乏产权主体的行政和经济监督，以及企业领导本身缺乏集约经营的素质、财务管理观念淡薄等原因，企业资产运营效率低下也就成了必然结果。同时，随着国有资本的控制权逐渐转移到企业经理阶层手中，形成了普遍的“内部人控制”现象，企业经理层通过“国有资产流失”的途径来达到增进企业福利的目的，显然比“提高企业运营效率”要方便快捷得多。

二、从财权归位到产权完整：国有资产监督管理委员会确立

我国国有资产管理改革经历了曲折的过程，国有资产管理局

建了又拆，拆了又建，都没能解决国有资产的问题。人们终于认识到，无论怎样分分合合，如果不解决独立财权的问题，国有资产运营效率低下和国有资产流失就不可能停止。国有资产监督管理委员会的组建，就把用人权、管事权和代表国家出资权集中于一个机构，体现了权力、义务、责任相统一的原则，管人、管事、出资相协调的原则。从根本上说，就是建立国有资产产权主体完整的产权，赋予国家财务主体独立完整的财权。国有资产监督管理委员会的产生，使中国的国有资产管理告别了“五龙治水”的尴尬局面，对国有经济的战略性调整和提高国有资产效率产生了深远的影响。

国有资产监督管理委员会主要归并了原来三个部委的职能：一是中央企业工委的全部职能；二是国家经贸委指导国有企业改革重组等几个职能；三是财政部的一部分职能，如财政部负责的国有资产的登记处置等。此外，劳动部负责的工资总额的管理将来也可能并入国有资产监督管理委员会。经过这样的机构整合，原本割裂的财权得到了统一，国有资产监督管理委员会作为国有资产产权的总代表，独立进行国有资产投入、产出、收益分配等财务活动，对国有资本保值增值专门负责。

具体来讲，明确国资委的财务主体地位，赋予国资委的独立财权应从以下三个方面入手：

1. 明确界定作为产权主体地位的国资委的资产管辖范围

一般认为，国有资产分为以企业为主的经营性资产、行政事业资产、自然资源资产三大类。由于这些资产的基本功能、来源、使用方法不同，相应地其资产管理体制可有所不同。例如，行政事业资产一般通过政府财政投资形成，其基本功能在于保证行政事业单位职能和任务的顺利完成，且在使用上保持其有效、合理和节约，因而这类资产一般归入财政、国有资产管理专司机构、行政事业主管部门进行分工管理；自然资源资产是针对目前的生产力状况，对人们具有经济使用价值的自然资源，这类资产则一般采取国有资产管理专司机构综合管理与财政专项管理、资源主管部门专业管理相结合的方式。

对于经营性国有资产，其管理的目标主要在于实现盈利和资本保值增值。我们认为，目前国资委管理国有资产的范围，应该是以经营性资产为主，对某些方便由国资委行使产权的非经营性国有资产，可以由国资委进行产权管理，但要做出特殊的制度安排，比如制定一些相关的法律法规、进行可行性研究、实行产权转让登记制度等。对某些非经营性国有资产在条件许可时，可归口于国资委，由行政管理转化为企业化管理。

至于各级政府国资委之间国有资产管辖范围的划分，目前我国主要依照“分级所有”的办法实行，即对于关系国民经济命脉和国家安全的大型国有企业、基础设施和重要自然资源等，由中央政府所属国资委履行出资人职责，其他国有资产由地方政府所属国资委履行出资人职责。这种划分有利于调动中央与地方两级政府的积极性，促使两级政府在管理国有资产时发挥各自的优势。然而，我们认为这种划分还是有欠细致的，例如，对新增的国有资产和既存的国有资产就没做具体的区分。对于新增的国有资产可以本着“谁投资、谁所有”的原则来确定归属，而对于历史形成的既存国有资产则难以做到这样简单，它们往往是在复杂因素作用下形成的，若依据某一个标准划归给某级政府，往往会导致厚此薄彼和管理效率损失等问题。因而对于存量国资还应具体问题具体分析，在划分标准上作进一步探讨，比如可参考使用属地原则、便于监管原则等标准。

2．确立国资委的独立核算权

独立核算能使财务主体摆脱外来干预，独立行使筹资、用资、收益分配等权利，为其编制经营预算和决算执行提供可靠保证，并为相关利益主体提供真实、可靠的内部考评资料。类似地，作为经营性国有资产的产权代表和投资主体的国资委是否拥有独立核算权是其能否行使好出资人职责、确保国有资产顺利实现保值增值的前提。因而，确立国资委的独立核算权是必需的。具体来说，国资委在履行出资人职责时，应遵循出资人利益最大化和效率原则，考虑投入产出比，在“成本—收益”计算基础上，建立并完善国有资产经营预算，将国有资产收益独立于公共财政预算之外。

独立收益权内含于独立核算权，国有资产收益权也是国有资产出资人权利的核心，因而，相应地我们还应确立国资委的独立收益权。国有资产收益主要包括国有资本投资收益、国有企业产权转让收入、国有股权转让收入（土地资产）、委托经营机构向国资委支付的利息等方面。当然，不是所有的国有资产收益都能成为国资委的实际收入，因为有一部分税后利润要作为投资主体的留存收益，归国有资产经营公司自己支配。这里涉及一个关键问题，即税后利润的分享问题。一个合理的利润分享制度，既能保证国资委收益权的完整，也不至于挫伤国有资产经营主体的经营积极性，同时，合理的利润分享制度也是建立科学合理的薪酬制度，并对当事人形成充分有效激励的前提。现在比较一致的看法是，国资委按投入企业的资本额分享所有者权益（包括资本收益权、参与重大决策权和选择管理者权利），企业破产时，也只以投入企业的资本对企业债务承担有限责任；实现资本收益与税收收入分开，国资委作为国有资本所有者，只以所有权为依托，对国有资本收益取得利润。这些看法是比较合理的，但仍需我们作进一步明晰。

3. 确立国资委的独立财务自主决策权

国资委作为财务主体在取得了可支配的收入后，接下来的问题便在于如何很好地处置这些收入，履行出资人职责。这一问题的实质便是国资委如何进行再投资的问题，这便要求国资委必须拥有独立的财务自主决策权。我们认为，根据产权主体财务活动的经济性和目的性，国资委的财务自主决策权应主要体现在以下两个方面：首先，在宏观层面上，应从资本保值增值目的出发，根据各投资主体的经营业绩或行业的投资回报率来选择再投资对象和投入领域；其次，在微观层面上，相应确立所辖各投资主体的财务主体地位，将再投资资金留给投资主体，让其自主选择决定资金流向，决不干预它们的日常经营活动。换言之，就是要建立独立于国家财政之外的国有资本财务体系，使国资委居于这一财务体系的核心，让国有资本运行独立于政府公共财政，真正实现税利分流、分管、分用；同时，改变政府财源建设思路，保证国资委独立从事国有经营资本的投入与产出活动，搞好国资委国有经营资本再投资，并对国有经营资本保值与增值负专门责任，形成国资委对国有资本的动态管理。

三、国有资本的宏观财务运作：财权的分层次管理

目前，我国国有资产的委托代理关系具有多层次性，表现为两大等级体系：第一等级体系是从初始委托人（全国人民）到中央政府的自上而下的多级授权链；第二等级体系是从政府国有资产管理部门到国有企业，再到企业经营者（最终代理人）的自上而下的多级代理链。其中，政府在两大等级体系中具有双重身份：政府既是初始委托人的代理人，又是最终代理人的委托人。从多年来国有资产改革的实践来看，我们认为，国有资产体制改革必须牢牢建立在该委托代理关系之上。我国原有国有资产

管理体系就是忽视了该委托代理关系的层次性而在没有产权关系的同级部门之间分割财权，导致财权割裂，最终形成了“五龙治水”的尴尬局面。因此，我们对国有资本的宏观财务运作应该是在具有产权纽带的上下部门之间实施财权的分层次管理，这才是解决国资体制问题的根本之法。

（一）国有资产的分级所有

在市场经济国家，只要政府是分级的，财政税收就是分级的，政府资产及政府兴办的企业也必然是分级所有，国有企业仅指由中央政府（或联邦政府）兴办的企业。我们认为，在社会主义市场经济形式下，应该废止统一所有的所有制形式，确立分级所有的所有制形式。坚持“一级政府、一级产权、一级信用”的原则，每一级政府都应有清晰的产权界区和财务收益，包括非经营性政府资产、经营性资产中的政府股权、税费收入、上级政府财政转移支付、土地批租收入等。按照市场规则，产权在不同级政府之间可以进行公平交易。同时，每一级政府都应有自己的债务，这里既包括直接债务也包括或有债务，既包括显性债务也包括隐性债务。债务规模、债务风险、偿债能力、偿债观念等构成了每级政府的信用记录。地方政府由于信用等级不同，有些可以扩张信用，有些必须先收缩债务。

（二）构建三个层级的国有资产管理模式

结合深圳、上海的改革实践，参考国外管理国有资产的先进经验，我们认为我国国有资产管理模式应设置为三个层级：第一层级是代行所有者权利的专职机构，可称之为国有资产管理委员会，根据我国的现实情况，将其设在政府之下。行使出资人职责，履行管理职能。第二层级是国有资产经营公司，由国资委授权管理国有企业，并接受相应国资委的领导，完成与之签订的各项契约。国有资产经营公司依据其在各企业中的国有股份行使法人财产权利，对拥有的国有资产进行经营运作。第三层级是国有资产具体经营和参与单位，包括国有独资企业，国有控股企业和国有参股企业。它们与国有资产经营公司之间存在产权关系，接受其对自己行使股东权利，但不接受其行政命令。

财政目标作为行为目标，更不履行传统体制下的财政所履行的管理企业财务、为企业牵线搭桥等职责，其存在的根本目的就是按市场运作法则，运用各种手段维护国家国有资产的产权权能，确保国有资产的保值增值。对现实中的国家财务主体——国有资产经营管理部门来说，众多的国有资产即是其本金，使之最大化增值就是国家财务管理目标。

本章参考文献：

1. E. 曼斯菲尔德：《微观经济学——理论与应用（中译本）》，中国金融出版社 1992 年版。

2. 吴敬琏：《市场经济的培育和运作》，中国发展出版社 1993 年版。

3. 程选民：《产权与市场》，西南财经大学出版社 1996 年版。

4. 刘贵生："论产权结构与财务主体"，《会计研究》，1995 年第 6 期。

5. 汤谷良："经营者财务论"，《会计研究》，1997 年第 5 期。

6. 倪静："对企业财务主体的思考"，《财会月刊》，1998 年第 8 期。

7. 杨绮、陈华晶等："浅谈法人治理结构"，《陕西经贸学院学报》，2000 年第 12 期。

8. 谷峰："试论财务主体"，《四川会计》，1996 年第 2 期。

9. 干胜道："两权分离与财务主体的二元性研究"，《财会月刊》，2002 年第 4 期。

10. 张捷飞："财务主体不等于财务管理主体"，《财会月刊》，1998 年第 2 期。

11. 郭复初：《财务通论》，立信会计出版社 1997 年版。

12. 伍中信：《现代财务经济导论——产权、信息与社会资本分析》，立信会计出版社 1999 年版。

13. 杨瑞龙、周业安：《企业的利益相关者理论及其应用》，经济科学出版社 2000 年版。

14. 李心合：《利益相关者财务论》，中国财政经济出版社 2003 年版。

15. 郭复初：《国家财务论》，西南财经大学出版社 1993 年版。

16. 谢志华："出资者财务论"，《会计研究》，1997 年第 7 期。

17. 伍中信："建立以'财权'为基础的财务理论与运作体系"，《会计之友》，2001 年第 4 期。

18. "国务院机构改革方案出台"，《证券日报》，2003 年 3 月 7 日。

第四章

企业财务目标：价值与权力的融合研究

第一节 企业财务目标形成的产权基础

一、企业目标的变迁与财务目标的选择

1. 企业目标的变迁

作为具有独立产权的市场主体，现代企业应具有自身独立的经营目标和方向，可以说，一定时期，一定企业的经营目标与当时的产权关系和产权结构有着必然的联系。当一定社会时期崇尚哪一产权主体利益，一个企业有哪些

利益偏好时，这个目标就表现为不同产权主体利益的最大化。就企业目标的数量来看，有单一目标和多元目标之分，这一区别是与产权的分离程度和独立程度密切相关的，企业产权的独立程度越高，企业目标就越具有单一性。在西方就出现过不同时期的企业目标，如以企业经营者为主的目标——企业利润最大化；以所有者为主的目标——每股收益最大化；也有把劳动力产权主体作为服务目标的，如南斯拉夫的“职工人均收入最大化”目标等。

在我国传统经济体制下，国家的各职能部门和各级政府都希望通过国有企业实现自己的政策目标，因而对国有企业而言就形成了多元的、各不相同的，甚至是矛盾的经营目标。这些相互冲突的多元目标（如增加产值和利润、增加就业、援助落后企业和办好职工福利等）。使企业成为名副其实的“小社会”，而不是一个专以盈利为目标的经济实体。企业的多元目标一方面极大地限制了企业的经营效率（从盈利角度考察），同时也使国家对企业行为的合理规范和经营状况的客观测定变得极其困难，形成了行政强制和讨价还价相结合的这种体制约束机制的主要特征。很显然，企业的会计成了国家驻企业的“核算员”，会计目标的实质演变成了一种“会计任务”。这时，根本谈不上企业财务主体，也无财务目标可言。

随着经济体制改革的不断深化，企业自主权得到了较大程度的增强，企业的行为方式已偏离了传统的目标而发生了较大的变化。但在体制转换时期，由于产权结构改革刚刚起步，双重体制并存，企业尚未取得真正独立的产权，存在着对国家和市场的双重依赖，由此决定了企业经营目标的多元化，既不是单纯追求利润最大化，也不是单纯追求人均收入最大化或产值最大化。这一状况的改变有待于企业产权的确立和市场经济的进一步发育。

2．企业财务目标应体现与企业目标的一致性在现代企业“法人治理结构”以及委托代理关系中，由于企业经理人员与财务会计人员处于代理关系中的“内部”层次，两者不能及到财产权关系，其根本利益是一致的，这就决定了企业财务、会计目标与经理人员的代理目标的一致性，即企业财务目标服从企业目标，如果企业是拥有独立产权的市场主体，那么企业也应是拥有独立财权的财务主体，只有能构成市场主体或财务主体的企业，其企业目标或财务目标才是单一的、明确的。

二、企业财务目标体现着财产权的现状

财务目标之所以重要，因为它是财务决策的准绳、财务行为的依据、理财绩效的考核标准。在西方财务理论的发展过程中，出现过众多的财务目标理论。这些观点主要有：“利润最大化”、“净收益最大化”、“资本成本最小化”、“每股收益最大化”、“股票市价最大化”、“股东财富最大化”以及“公司财富最大化”等，这些财务目标基本上反映了西方企业对市场环境的要求，体现了不同时期产权主体利益的不同偏好。这是我国在确立企业财务目标时所应借鉴的，而绝不应盲目照搬。为此，我们从上述目标理论代表不同产权主体利益这一角度作一分类，并重点就利润最大化、股东财富最大化与企业价值最大化进行比较分析。

从利润最大化、股东财富最大化到企业价值最大化，清晰地向我们昭示了推动目标理论发展的两条线索：一是“目标理论”本身的缺陷——这是推动理论发展的内在矛盾；二是产权制度及其发展——这是推动目标理论发展的外在矛盾。同时，理论的前瞻性与对实践的指导性要求，决定了企业目标理论的选择；企业目标的可操作性要求决定了衡量指标的设计。我们认为：企业目

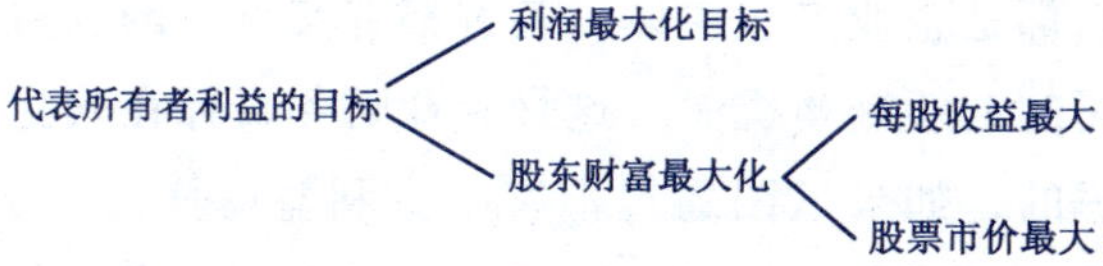

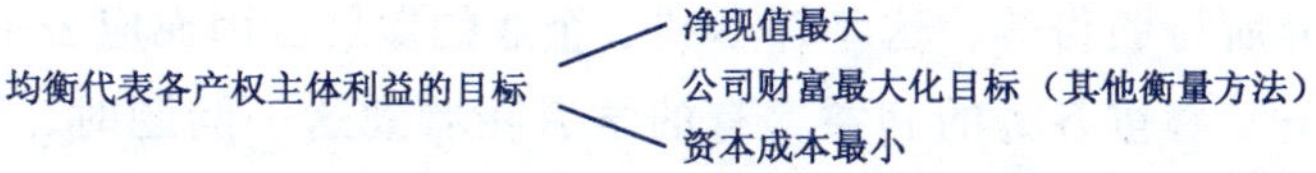

标的选择应是战略的、宏观的、稳定的。而关于衡量指标的设计，则是不断发展的。这种衡量指标应是某种体系，既有定性指标，也有定量指标，它有赖于其他学科特别是会计的发展。

由利润最大化演变到股东财富最大化，推动其发展的主要是“利润目标”的内在矛盾——利润最大化目标导致了种种“短期化”的管理行为，两者体现的产权因素则是一致的——都是以最主要的产权主体（出资者或所有者）的目标为核心。但是，由股东财富最大化到企业价值最大化，却是内在矛盾和外在矛盾相互推动的结果。“企业价值”的诞生在于产权交易的发展，企业管理者越来越将企业视为一种“商品”，无论是产权交易还是日常财务管理，都要求站在“企业价值”的高度。而“股东财富最大化”相对于“企业价值最大化”而言，越来越凸显出两者的矛盾。在产权交易阶段，股东侵犯其他利益主体的行为时有发生，“股东价值”与“企业价值”一致性的前提条件遭到破坏。同时，各产权主体的利益要求得到平等保护则不容置疑，企业价值最大化恰恰迎合了这种思想。

三、现代财务目标的一元化趋势

现代企业是多边契约关系的总和：股东、债权人、经理层、雇员等。他们都是企业产权主体，各方都有其自身的利益，共同参与构成公司的利益制衡机制，这是企业财务目标在确定过程中需要首先考虑的，如果试图通过损害一方利益而使另一方获利，结果都将导致矛盾冲突，如职工罢工、债权人拒绝提供信贷、股东抛弃所持股份等，这些都不利于企业的发展。因而应公平地对待各方，尊重各方的利益。有的学者在看到这一问题时，写道："因为产权关系的复杂化、多元化必然决定企业财务目标决不可能是单项的，唯一的，而应该具有多重性。"（汤谷良，1994）

我们认为，我们决不应该因以上原因而否定现代企业财务目标的单一性，这是因为：产权和财权独立性是我们在确立财务目标时应予考虑的又一重要因素。如前所述，由于产权的分离，企业在尚未取得独立的产权或财权时（如我国现阶段股份制改组初期和国有企业），企业财务主体也呈现二元化特征，但一旦企业取得独立的产权和财权，财务主体便向企业这一经济主体靠近，具有一元性特征。财务目标自然也会体现这一特征，当公司法人拥有对公司的实际控制权时，其他各产权主体只拥有法律规定的所有权或财务要求权，而且这两个相区分的利益团体，行为动机与目标选择也必然不同。正如刘贵生指出："在现代股份制公司，所有者集团作为公司财务主体越来越只具有一种形式上的意义，真正的财务主体日趋移位于公司本身这一经济实体。"之所以存在这样一种现实，应该说是一种产权博弈的结果。因此，"现代企业在选择财务目标时要考虑两个问题而不是一个，即：公司归谁所有和公司由谁控制，这是因为目标是人来制定并执行的，离开公司控制权归属的现实讲'股东财富最大化'将有失片面而不够客观"。一个折衷的办法是：既能充分反映法人产权利益的"企业价值"，又能通过"企业价值"的扩大来增加其他各产权主体的利益。

依上所述，企业财务目标体现着企业目标的意志，也反映了产权关系的现状。产权关系单一，财务目标就单一；产权关系复杂化、多样化且企业尚未得到独立的产权或财权时，财务目标与财务主体一样呈现多元化状态，这显然会导致企业财务的无所适从，不利于企业生产经营的顺利进行，随着企业在市场上主体地位的确立，企业取得了独立的产权和财权，企业财务目标必将保持一元性的本来面目。

第二节
从“股东财富”到“企业价值”：
正待融合的企业财务目标

在借鉴西方经验的同时，我国的财务目标从计划经济体制下的产值最大化和改革初的利润最大化走向了股东财富最大化，而后又出现了企业价值最大化。“股东财富”能存在相当长的时期，并在相当多的企业中占据财务目标这把“宝座”，我们不能否认其在特定时期具有的特定功能。然而，历史总是要向前发展的，外部环境的变化和人们内部主观意识的提高，使“股东财富”正面临严峻的考验。

一、股东财富最大化：一种广告效应

对于现代企业尤其是上市公司而言，股东是他们的“上帝”，公司的一举一动，一点成绩或是一点瑕疵都可能影响到“上帝”是用“手”还是用“脚”投票，一切为“上帝”着想可能已成为公司最神圣的使命，这正是上市公司财务部门大多偏

好选择该财务目标的主要原因，我们曾经对此作过上市公司问卷调查（伍中信，2001），这也正是理论界用其他理论来解释“企业价值最大化”的优势时所忽视的。同时，这也正是企业所追求的“广告策划”般的效果，企业在推销产品时常用的口号是“一切为了上帝”，不管企业是否是这样做的，其最终目的都是为了企业利益的提高，至少是在提高顾客收益的同时，企业收益也得到了更大的提高。现代企业使用股东财富最大化作为财务目标也是同样的道理，它更能吸引投资者关注和支持企业的发展；在处于困境时也更能得到股东的理解、信任和帮助。它具有较好的“公关”效果，比“企业价值”最大化为企业带来的价值会更多，不管企业真正的财务目标是“企业价值”最大化还是其他。

二、经济环境的变化对股东财富最大化提出了最大挑战

（一）知识经济时代的到来

1. 知识经济时代扩展了资本的范围，改变了资本的结构

在知识经济时代，企业的关键资产已不再是固定资产和金融资产，而是知识资产。企业不再是仅仅归属于股东，同时还应该属于知识所有者。股东财富最大化这一目标是与物质资本占主导地位的工业经济时代相适应的，但却忽视了知识资本的地位。因此，企业财务目标不能只是股东利益的最大化，还应该是两个所有者（物质资本的所有者和知识资本的所有者）利益的共同最大化。

2. 知识经济时代要求企业重视其社会责任

在工业经济时代，由于物质资源的稀缺性和使用上的实际排他性等原因，使得企业目标结构中的社会目标和经营目标总是表现出一定的此消彼长的关系。而在知识经济时代，知识资源成为较物质资源更为重要的资源，两者的最大差别是知识资源具有共享性和可转移性，其流动性可以不受时间和空间的限制，这使得企业和社会的联系更加广泛和深入。企业对知识的要求和应用将更加取决于社会对知识形成和发展所做的贡献，相应地也就要求企业更加重视其社会责任。因此，社会责任目标应该纳入到财务管理体系中。而股东财富最大化忽视了企业的社会责任，过度强调股东的权利，致使企业在谋求股东财富最大化的过程中出现了许多损害社会利益的行为。

（二）公司治理结构的转变

传统经济学认为“企业是股东的企业”，股东是企业风险的主要承担者，因此股东对企业具有天然的剩余索取权，制约着企业控制权的安排。有效率的公司治理结构应该是“股东至上”模式，相应的表现就是拥有剩余索取权的股东通过对经理人员的激励和约束来实现股东权益的最大化。然而现代社会中处于统治地位的公司包括股份公司和有限公司恰恰是偏离“股东至上”模式的，股东对公司的绝对权威已不再存在，股权的运用受到其他利益相关者的制约，各个利益相关者在公司治理结构中的作用越来越大，公司治理正在逐步走出股东至上主义的传统思维定式，从单边治理走向共同治理。平衡公司参与者的利益成了全球公司治理发展的共同趋势。企业治理正由传统的“股东至上”模式演进到“共同治理”模式上来。

三、股东财富最大化与财务目标制定原则之间的冲突

财务目标制定原则是在制定财务目标时应遵循的一系列准则，是正确制定财务目标的必要前提条件。目前人们比较认可的原则有：明晰性原则、可计量性原则、可控性原则、适应性原则和层次性原则。本书认为股东财富最大化在下面几个方面违背了财务目标的制定原则。

（一）与可计量性原则的冲突

企业财务管理主要是运用价值形式对企业财务活动实施管理。因此，作为财务决策和财务行为主要依据的财务目标，必须能够进行正确的衡量。本书将可计量性分为两个部分来逐一对股东财富最大化进行讨论。

1. 能够进行计量

股东财富最大化目标是用股票的市场价格来计量的。因为，就上市公司而言，股东财富可由其拥有的股票数量和股票市价两方面因素来决定。当股票数量一定时，股票价格最大则股东财富也达到最大。正如 Allen C Shapiro 教授所说，“在运行良好的资本市场里，投资者可以自由地以最低的交易成本销售金融证券，股东财富最大化可以理解为最大限度地提高现在的股票价格”（Allen C Shapiro，1991）。然而，请注意一个前提，即“在运行良好的资本市场里”这一前提下的股票价格才能用来计量股东财富最大化目标。根据有关理论，只有在证券市场达到“半强式有效”的情况下，才能采用股东财富最大化这一目标。而有关的实证研究表明，目前我国的证券市场刚刚达到“弱势有效”

的水平，尚未实现“半强式有效”。因而，无法采用股东财富最大化指标①。

2. 能够准确地计量，即股票价格要能准确地计量股东财富

众所周知，由于众多因素的影响，股票市价极不稳定。此外，赞成股东财富最大化目标的其中一个重要原因就是它充分考虑了公司现在与未来可能的获利能力、时间因素、风险因素以及与之相关的各种因素的影响。然而即期市场上的股价不一定能够直接揭示企业的获利能力，只有长期趋势才能做到这一点。另外，在我国法人股严禁上市交易。这些都会导致股票价格不能真正反映股票价值。也就是说，用股票价格来计量股东财富还存在比较大的风险。

（二）与适应性原则的冲突

股东财富是以股票价格来衡量的，因此只适用于上市公司，而非上市公司则无法采用此目标。而目前我国的公司化比重还是比较低的，上市公司很少，只有1200多家（包括沪市和深市）。因此，我们在讨论财务目标时，既要考虑到股份制企业，也要考虑到国有企业，同时还要考虑到民营企业、乡镇企业、中外合资企业等不同类型的企业②。

（三）与可控性原则的冲突

合理的财务目标应当是在目前的生产力水平下，通过企业的努力可以达到的一种理想境界。也就是说，这个目标的实现过程

① 如果一个国家的证券市场高度发达，市场效率很高，上市公司可以把股东财富最大化作为财务目标，如美国。

② 当然，我们不能强求所有类型的企业都选择相同的财务目标，至少在目前是不现实的。

应该在管理当局的可控范围内，否则就失去了应有的激励作用。股东财富最大化目标的实现是用股票价格来反映的，而股票市场价格受到多种因素的影响，如市场的完善性与有效性、国家政策的调整、国内外经济形势的变化、股民的心理以及其他非可控因素等。这些因素对企业管理当局而言是不可能完全加以控制的，把不可控的因素引入企业财务目标显然是不合理的。

四、股东财富最大化没有重视企业其他利益主体的利益

（一）重视各利益主体的重要性

企业是一个利益契约的载体，相关利益方的共生共荣是其生存和发展的必要社会经济条件。忽视甚至是牺牲其他利益集团固然可以获得更多的个体利益，但因失去其生存的必要社会条件，这种利益最终只能是暂时的和短期的。从逻辑关系来看，当企业财富总额一定时，各方的利益是此消彼长的关系，当把某个利益主体的个体利益最大化时，必然伴随着与其他利益主体的冲突，必然会激化企业的经济矛盾。另外，现在人们越来越认识到可持续发展的重要意义，以及急功近利的行为和思想给社会所造成的巨大危害和损失。可持续发展的观念已逐渐成为社会和企业发展的主导思想，它的核心是要把眼前利益和社会整体利益、人和自然的关系协调起来。因此，作为经济活动基本组织形式的企业及其使命应具有广泛性和前瞻性，决不能停留在提倡某个个体利益最大化上。

（二）财务目标要充分考虑各利益主体的原因

赞成股东财富最大化者认为，股东承担企业的全部剩余风险，与债权人、职工以及其他利益相关者相比，由于承担的义务和风险最大，从而应该享受因经营发展带来的全部税后收益，即股东拥有剩余索取权。因此，此时的财务目标就是要通过财务上的合理经营为股东带来最大化的财富。实际上，现代企业不只是股东才承担风险，许多经济学家越来越认识到，公司所有权更多地表现为一种状态依存所有权，股东不过是正常状态下的所有者，在其他不同的状态下，债权人、职工等企业利益相关者都要承担公司的风险，因此也是公司剩余收益的索取者。例如，现代企业由于充分运用财务杠杆而使其资产负债率大大提高，债权人实际上已变成与股东共同承担财务风险的财务相关者。如果项目成功，债权人除了收回本金和利息外，不能参与项目所带来的收益。而一旦项目失败，债权人将承担巨大的成本损失，这是非常不合理的。又如，当企业业绩不佳甚至破产时，所有者会“用脚投票”从而解除相关的利益关系。相反，企业的经营者与广大职工则向企业投入了大量的专用性人力资本，一旦企业被接管或破产倒闭，人力资本会随着所有者的失业而面临大幅贬值的风险。因此，从风险与收益相配比的角度来看，企业财务目标就不能只强调股东的利益而不顾其他相关者的利益。

（三）股东财富最大化目标所带来的股东与其他利益主体的矛盾

1. 股东与经营者之间的矛盾

股东财富最大化目标要求经营者在日常经营中努力为股东财富最大化服务，然而所有者与经营者是两个不同的利益主体，在追求各自利益最大化的同时就不可避免地会出现这样或那样的矛盾。股东委托代理者（经营者）经营其企业会产生经营者利益目标与股东利益目标的偏离，因目标偏离而发生的成本最终由股东来承担。这一成本在经济学上被定义为代理成本。代理成本与股东财富之间是此消彼长的关系。对于所有者，其委托他人经营的基础就在于通过委托产生的股东财富增加大于其代理成本，或者说用较小的代理成本带来更高的股东财富。而经营者所希望看到的是，在信息不对称的情况下，尽量增加个人享受成本或偷懒。另外，由于信息的不对称，还会产生经营者利用其掌握的信息资源将所有者财富转移为自身财富的倾向，从而损害股东的利益。

2. 股东与债权人之间的矛盾

在股东财富最大化目标的驱使下股东与债权人的矛盾表现在很多方面。（1）在筹资时，由于债务资本成本低于权益资本成本，为了追求更高利润往往趋向于选择增加债务资本。且在确定债务资本结构时，由于短期债务资本成本低于长期债务资本成本，因而会选择更多的短期债务资本。（2）股东可能未经债权人同意，要求经营者投资比债权人预计风险更高的项目，这会增大偿债的风险，债权人的实际负债价值也必然降低。（3）股东在未征得现有债权人同意时要求发行新债，从而使原债券持有者的债券价值下降（因为相应的偿债风险增加），增加了旧债的违约风险。（4）股东通过股东大会决定增加股利支出，也会消极地影响到债权人权益保护，反之削减股利则有利于债权人权益保护。

3. 股东与职工之间的矛盾

在企业的市场占有率和产品价格等外部条件一定时，要增加企业利润，进而达到股东财富最大化，就要求向内降低成本费用，包括降低工资费用、不顾职工的健康保护和其他利益，这直接影响到了职工收入的稳步增长，甚至提出“减员增效”，这些都是职工最不情愿面对的。另外，与国外企业相比较，我国更加强调企业应重视职工的实际利益和各项应有的权利。因此，仅仅局限于股东这一利益集团是不符合我国国情的。

4. 股东与国家之间的矛盾

在对利润进行二次分配时，国家征收的是税金，所有者得到的是税后净利润。国家税收强调的是强制性和无偿性。“强制性”显然说明存在着矛盾（否则就不须强制了），“无偿性”则是矛盾的根源。在利润总额一定时，国家税收多了，股东收益就少，税收少了股东收益则多。在股东财富最大化目标的驱使下，不少企业会千方百计地进行名目繁多的“合法避税”，这在一定程度上会造成国家税收减少。另外，国家为了“放水养鱼”设立保税区等，在该目标的作用下，企业同样会不惜舍近求远而趋之若鹜，势必造成严重的资源浪费。

5. 股东与社会之间的矛盾

股东的目的是股东财富最大化，而承担社会责任会造成一定程度的股东财富的减损（尤其是价格机制难以发挥作用的领域）。因此，企业作为一个经济利益主体，可能为了追逐自身目标的实现，而放弃或削弱其应负的社会责任。例如，企业可能为单纯追求利润而生产和提供伪劣产品，损害顾客利益；可能只注重生产经营性投资，而忽视环保方面的支出，造成环境污染；可能为了扩大产品销售市场和更多的利益，而采用不正当的竞争手段，损害其他企业利益；可能为了减少非生产性支出而降低非经营性费用，分离非经营性人员，增加社会的非就业人口等。反过来说，当企业兼顾更多的社会职能和承担更多的社会负担时，企业就无法实现股东财富最大化，也就无法实现股东和经营者的财务目标，这样也就形成了股东与社会之间的矛盾。

五、企业财务目标的理想模式——企业价值最大化

对“价值”的理解，在会计学和经济学之间有很大差异，“会计人员一般喜爱用物品的实际成本或过去成本来衡量物品的价值；经济学者喜爱用物品的市场价值或替代成本来衡量其价值”（萨缪尔森，1992）。对“企业价值”的理解，经济学也一般表述为“企业所筹资金总和的市场面值”（汤敏、茅于轼，1989）。根据我们上述的“客观性”要求，取企业的“市场价值”比较符合财务目标的要求。这样，对现代上市公司而言，其市场价值就可以表现为公司股票和债券在市场上的价格总和，而对一般企业而言，企业价值则可表现为企业资产的现时价值。在这里，我们用“企业价值”而不用“公司价值”，更能反映我国企业公司化程度不高的现状。对企业价值增值和价值最大化的理解又涉及到会计学与经济学的分歧。会计学收益表现为收入与费用的差额，而经济学收益最早被亚当·斯密定义为“财富的增加”，也就是价值的增值，从这个意义上说，企业价值最大化目标与企业财富最大化目标是等同的。一个占支配地位的收益概念是“一个人在某一时期可能消费的数额，并且他在期末的状况保持与期初一样好”（J. R. Hicks，1946）。这一概念更加支持了“收益表现为价值的增值”这一命题，这样对企业价值最大化的理解，也就是企业的“经济学收益”的最大化，而不是会计的“利润最大化”。前者比后者要丰富得多，下面我们进一步分析“企业价值最大化”财务目标的优越性。

（1）价值管理是财务管理的重要特征，通过对“价值”的增减的管理来衡量企业财务管理的业绩，以此作为考核财务管理

的标准显然是恰如其分的。而“利润”只是价值的一部分，用“财富”两字又不符合财务学概念的习惯。

(2) 克服了“会计学收益”的片面性，符合“经济学收益”精神，有利于我国企业国有资产的保值增值。因为经济学收益要求“在期末的状况保持与期初一样好”的基础上来增加企业的财富，所以这一目标已经涵盖了理论界所提出的“资本保值和增值”财务目标的基本思想。如果用“利润最大化”或其他目标都不能起到这个作用。

(3) 符合现代企业的产权特征。一方面，根据现代企业产权关系多元化特征，要求企业不仅要与股东利益保持一致，而且要照顾多方产权主体的共同利益，但是产权主体多元化并不表示财务目标的多元化，我们只需找到一个能代表多方产权主体共同利益的代表即可，这一代表便是企业。可以说，企业价值或财富的增加，与股东（所有者）、债权人、雇员等产权主体利益均呈正相关关系。如果单纯以股东财富最大化为目标，则会导致公司的经营或投资计划难以得到职工及其团体的认同和支持，不利于企业发展，最终也难以满足股东财富最大化要求。另一方面，现代企业独立产权和财权的取得，使得企业法人实际上处于企业目标和财务目标的主导地位，也就使得“企业价值最大化”作为财务目标更能成为现实。

(4)“企业价值最大化”目标有助于增进社会财富，符合经济学规律。社会财富最大化实现的条件是资源优化配置，而社会资源的优化配置要求把资源分配到生产效率最高、能为社会创造最大财富的企业中去，所以选择“企业价值最大化”为理财目标有助于引导资源优化配置。此外，企业是社会经济的基本单元，如果每个企业都以整体财富的最大化为目标则会给我们带来社会经济的稳定、繁荣。

(5)“企业价值最大化”目标更符合我国国情。我国是一个以社会主义为政治制度，以市场经济为经济模式的国家，现代企业在我国有着独特、复杂的发展历程。与国外公司相比，我国的公司强调职工利益与职工权力（包括参与决策的权力），强调社会财富的积累，强调协调各方利益差别、共同发展和共同富裕。所以如果在选择财务目标时，眼光仅局限于股东这一个集团是不符合国情的，把整个蛋糕做大才是我们应提倡的目标。

通过以上分析，我们认为，“企业价值最大化”的财务目标充分体现了现代企业财产权关系特征，更符合我国的国情，是我国企业的理想财务目标模式。

六、经营者所有者化与所有者经营者化的趋势：股东财富与企业价值正走向融合

随着知识经济时代的到来，知识型企业方兴未艾，管理性、技术性的“人力资本”将日渐成为企业的所有者，经理人员股票期权和员工持股方案在众多企业中酝酿并相继推出，企业经营者所有者化的趋势正逐步形成。我国学者方竹兰在《经济研究》撰文认为：“人力资本所有者应成为企业所有者”。从另一方面来看，为防止经营者“内部人控制”，我国对一些重点的大中型国有企业委派了财务总监，名为产权代表，实为经理层次。一个典型的现象是，在我国债转股的实施过程中，金融资产管理公司作为债转股企业的控股所有者，依照《金融资产管理公司条例》对债转股企业派出董事会、监事会成员，甚至直接派出管理人员接管债转股企业，以达到改善企业经营机制、保全国有资本的目的。这是典型的所有者经营者化的事例。美国思想家库布鲁金斯

对新公司法进行了大量的研究，于1995年出版了《所有权与控制权：重新思考21世纪的公司治理结构》一书，其核心思想是：将股东视为“所有者”是一个错误。我们在此举例并不是想深入探讨谁应成为企业的“所有者”，而旨在说明所有者与经营者又有融合的可能和趋势，但这一趋势决非倒退到“二权合一”的单一产权关系时代，而是一种“否定之否定”，一种融合与发展。如此看来，当企业经营管理人员、技术人员以及员工都成为企业股东以后，股东财富也就成了企业价值，股东财富最大化与企业价值最大化的讨论也便殊途同归了。

考虑到“股东财富”在适应性、可控制性以及不能综合反映不同主体利益等方面的缺陷，而且为了保持与财务主体理论（企业财务主体即是企业，而且具有一元性）在理论上的一致性和连贯性，在股东财富与企业价值走向融合的问题上，我们认为，“股东财富”让位于“企业价值”将成为企业财务目标的必然选择。

第三节 企业价值与相关者利益：殊途同归的企业财务目标

长期以来，人们都把股东财富最大化界定为理想的财务目标。然而，随着“股东财富”的缺陷日益突出，无论在理论界还是在实务界，企业价值最大化都得到了广泛认可。我们认为“股东财富”与“企业价值”必将融合，并最终让位于“企业价值”。随着人们产权观念的进一步强化，以及人力资本的作用日益凸现，企业这个契约集合体的发展越来越受到利益相关者的制约，从而在理论界出现了利益相关者学派，并在财务目标方面提出了相关者利益最大化目标。我们认为企业价值最大化与相关者利益最大化其实质是一致的，它们是从价值与权力两个不同侧面对财务目标的准确表述。

一、企业价值与利益相关者的界定

关于企业价值，财务理论界有两种不同的认识："公司价值是指公司全部资产的市场价值（股票与负债市场价值之和）"；"企业价值通俗地说是企业本身值多少钱。……在对企业价值进行评价时，着重的不是企业已经获得的利润水平，而是企业潜在的获利能力。"目前，大部分学者认为，第一种观点仅仅是一种"存量资产价值"观，不仅忽略了企业内部客观存在的以人力资本为核心的组织资本等重要无形资产，更完全忽略了企业未来的获利能力与获利水平，而后者恰恰是企业价值的重要组成部分。

利益相关者，Mitchell Agle 和 Wood（1997）对其定义进行了归纳和分析，认为有广义和狭义之分。广义的概念能够为企业管理者提供一个全面的利益相关者分析框架；而狭义的概念则指出哪些利益相关者对企业具有直接影响从而必须加以考虑。"广义上说来，企业的相关利益者包括存在于社会上的每一个人。但是，在确认财务管理目标为'相关者利益最大化'时，这样说无异于推卸责任，将这个目标放到一个只能在理论上讨论，而在现实中无法运用的地步。"因此，本书从企业财务关系的角度出发，将利益相关者局限于企业投资者、企业经营者、企业债权人、企业职工和政府。这几方均对企业有投入，能分享收益并承担企业的风险。

从上面对企业价值的分析，我们可以看出两个重要特征，其一，企业价值不仅仅包括股东和债权人投入要素的价值，还包括其他利益相关者投入要素的价值。“企业的账面价值也不等于企业的实际价值，因为优秀的管理、先进的组织、良好的商誉等无形资产同样是人类长期劳动的结果，是构成企业实际价值的重要内容”，“企业商品的价值是由各个生产要素的价值及其有机组合决定的”（杜智勇，2000）。而生产要素所有者包括非人力资本的所有者和人力资本的所有者。人力资本所有者包括经理和员工，非人力资本的所有者包括股东和债权人。因此，企业价值应该是各利益相关者的价值集合，但并非简单累加。其二，企业价值不仅仅是企业目前的利润，更强调企业潜在的增值能力。“利益相关者的价值既不能用传统的利润指标来衡量……而应该用内含各类相关者利益的‘有效增加值’来衡量。”（李心合，2000）企业是由各种生产要素构成的集合体，各个要素在使用过程中都有资本的属性。“概言之，凡是创造商品的活动都是生产性的，都创造新价值；其投入不论其表现形态如何，也都应称作‘资本’。”（李心合，1999）而资本的自然属性就是为了寻求增值，这就决定了企业并不只是简单地生产商品和提供服务，而是在这个过程中获得价值增值。我们把企业当作商品用来交换的目的也正是为了获取企业的这种增值能力。而对于知识经济时代的企业，其价值的增值将越来越取决于各生产要素所有者的集体贡献。“企业的生命力决不是来自股东，而是来自利益相关者之间的合作。”（杨瑞龙，1998）通过以上分析，我们认为，企业价值的本质是增值能力，至于它兼顾了相关者的利益，这是由其本质决定的。否则，企业的增值能力无法实现。因此，企业价值兼顾了各相关者的利益，而且也必须兼顾相关者的利益。

二、企业价值最大化：利益相关者合作博弈的理想财务目标

实际上，利润最大化、股东财富最大化、经理利益最大化、企业价值最大化等种种目标既非相互涵盖，也非完全背离，在一定制度框架内，这些目标还具有很强的逻辑一致性。但在不同目标理论指导下的理财方法、价值衡量标准、激励—约束机制或合约的设计指导思想却又千差万别甚至相互矛盾。仅仅从目标本身出发，无论是逻辑推理还是实证检验，经常会有相反的结论。我们试图跳出目标多样性这一现象，从理论上寻找一种能涵盖种种目标的“理想”财务目标，既试图以此来解释现实世界中纷繁复杂的财务现象并预测其发展规律，又试图整合现有研究成果。在将企业的契约理论和博弈论引入分析框架之后，所有看似矛盾的研究成果无不在企业价值最大化这一点上找到了逻辑支点，而从契约理论、委托—代理理论、交易成本理论等不同研究路径所得的多少显得支离破碎的研究成果无不是在自觉或不自觉地朝着企业价值最大化这一理想目标趋近，只不过分别处在不同阶段而已。在此，我们认为企业价值是一种“合力”的结果，并具有虚拟性、动态性和博弈特征。企业行为及其相应的财务目标也是一种“合力”的结果。下面将给出一个详细的博弈分析框架。

契约理论认为，企业是一系列契约的连结点，是由股东、债权人、管理者、雇员等在一定约束条件下追求个人效用最大化的“理性人”或“利益集团”组成。这里的“约束条件”通常就是指已有的制度框架和可以谈判的契约。相对于可以谈判的契约，制度在短期内是固定的，但在长期内，制度作为一种内生变量，则是可以改变的，其结果取决于博弈各方的谈判力量对比。

企业则是理性人为了扩展个人理性而采用的一种合作方式，是一个虚体。企业行为则是所有个人行为的综合表现。由于企业相关权益要求者的行为是相互影响的，这种局面正好是一种博弈，而且是一种合作博弈，否则，企业将不复存在。企业内部的一切活动都是合作博弈的过程，企业作为整体的行为就由博弈均衡所决定。因而，企业目标在不同的均衡状态下表现出不同的模式。如图 4－1 所示。

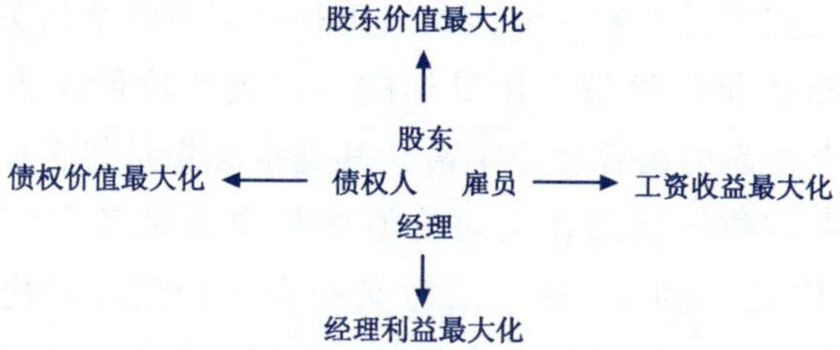

图 4－1　企业目标的不同模式

在知识经济时代，随着各契约方讨价还价能力的显著变化，以前的均衡状态被打破。在新一轮的博弈过程中，人力资本所有者在社会再生产过程中发挥了越来越重要的作用，他们再也无法容忍非人力资本所有者（主要是股东）剥夺他们的权益，迫切要求分享与自己的贡献、实力相对称的企业的剩余索取权和控制权；其他利益相关者也会因地位的相应提高而拼命争取自身利益；而股东的“发言权”却大为削弱，远不如工业经济时代。最终博弈的结果，各方只能相互妥协，共同参与分享企业的剩余索取权和控制权，从而来达到一种合作博弈。由于企业价值兼顾了各相关者的利益，企业价值最大化便成为了这种合作博弈的理想目标。要实现或趋近这一理想目标，必须分析企业处于怎样的均衡状态，从而设计一整套相应的激励—约束机制，使企业尽可能地走上合作博弈的轨道。而这种合作博弈的基石就是如何兼顾利益相关者来达到其利益的最大化，即相关者利益最大化。

三、企业价值最大化与相关者利益最大化

由于企业价值最大化是知识经济时代各利益相关者合作博弈的理想目标，因此，对于利益相关者，笔者认为该目标有两层意义。第一层意义就是企业价值最大化较好地兼顾了利益相关者。这层意义人们容易理解，因为人们正是出于对各个相关者利益的考虑而选择企业价值最大化目标的。“企业价值最大化看似简单，实际上包涵的内容相当丰富，其基本思想是将企业的长期稳定发展摆在首位，强调在企业价值增长中满足各方面的利益关系。”（王化成，2000）第二层意义是企业价值最大化除了兼顾相关者利益外，还能否使相关者利益达到最大化。也就是说企业价值最大化能否包括股东价值最大化、债权价值最大化、经理利益最大化、工资收益最大化等各利益相关者的目标。必须指出的是，这些“最大化”只能是一种均衡状态下的“最大化”。否则过度强调某一种“最大化”，势必会影响其他“最大化”的实现，从而不能达到合作博弈。因此，问题就回到企业价值最大化能否达到均衡状态下的相关者利益最大化。我们的答案是肯定的，并就此进行如下解释。

股东是最重要的相关者，企业价值最大化自然能保证其财富的最大化。另外，还有利于培养安定性股东并保护中小股东的利益。对于债权人，当企业持续经营时，企业价值最大化保证了债权人能及时了解企业的经营情况并参与重大财务决策的讨论，使企业保持良好的资金结构和适当的偿债能力，从而降低贷款风险并获得稳定的本息收入。当企业不能持续经营而必须破产清算时，企业价值最大化能使企业破产后的剩余财产最大限度地满足

拥有优先剩余财产分配权的债权人的需要。对企业雇员来说，若公司的价值能达到最大，在有效的激励与约束机制下，雇员会得到优越的工作环境和更多的报酬，并激励其参与决策和管理。对于经营者而言，企业价值最大化是评价其经营业绩优劣的标准，对于经营业绩好的经营者，将能得到更为丰厚的报酬和提升的机会。这里需指出的是，除了对人力资本所有者劳动消耗的补偿，即工资收入外，企业价值最大化目标还应保证人力资本所有者拥有税后纯收益的分配权。这是知识经济时代满足人力资本所有者利益最大化的要求。"对'企业剩余'作出贡献的不仅仅是股东投入的实物资本，而且还有雇员投入的专用性人力资本，以及债权人形成的资本等，按照'谁贡献谁收益'的原则，这些产权主体都有权参与剩余分配。"（杨瑞龙，1998）对于政府来说，企业价值最大化能保证企业的税前利润达到最大化并严格执行政府制定的政策，从而使政府能征收更多的税收且有利于宏观经济政策的实施。对于社会来说，社会利益最大化的实现条件是社会资源的最合理配置，要达到这一目标就必须把社会资源分配到为社会创造最大财富的投资机会上。而创造财富的企业的价值最大化自然可以使社会利益达到最大化。因此，企业价值最大化可以使微观效益、宏观效益、社会效益达到统一，最终使社会福利达到最大化。"各个利益集团的目标都可以折衷为企业长期稳定发展和企业总价值的不断提高，各个利益集团都可以借此来实现最终目的。"（王化成，2000）

正如前文所述，企业价值是由各个生产要素的价值及其有机组合决定的，是各利益相关者的价值集合。而且，企业价值最大化是合作博弈的结果，它并没有偏向某一个利益相关者。因此，追求企业价值最大化自然就等于追求各利益相关者在均衡状态下的利益最大化。从问题的另一方面说，正是利益相关者的共同参与，构成了企业的利益均衡机制。如果试图通过损害一方利益而使另一方获利，结果会导致矛盾冲突，出现诸如股东抛售股票、债权人拒绝贷款、经营者逆向选择、职工消极怠工、政府罚款等不利现象，从而影响企业的可持续发展，最终损害了企业的价值。企业只有在不断追求股东财富最大化、工资收益最大化、经理利益最大化等具体目标的过程中，才能提高长期获利能力，不断实现资产增值，从而实现企业价值的最大化。综上可知，企业价值最大化实现了各相关者利益最大化，各相关者利益最大化保证了企业价值最大化，其实两者是一致的，只是从不同的角度看同一个目标。

四、两者一致性的根基：财务本质

财务活动和财务关系共同构成企业财务完整的内涵，“财权流”则完整地体现了财务内涵的要求。财务本质包括财流和权流，然而并不是指财务有两个本质。因为，财务活动与财务关系是同一客观过程的两个方面，两者不可分割。财务活动是财务关系的物质内容，财务关系是财务活动中发生的经济利益关系。没有财务活动的经济利益关系就不是财务关系，没有财务关系的资金它自己也不会运动。因此，体现财务活动的财流与体现财务关系的权流也是不可分割的，两者不存在现象与本质之分、形式与内容之分，而是共同构成财务本质，或者说是一个财务本质的两个方面。

财务本质是财务理论体系的基石，我们通常从财务活动和财务关系两个方面来探讨财务本质。财务目标是财务理论体系的重要组成部分，是对财务本质的理论延续。如果能够从体现财务活动的财流与体现财务关系的权流这两个方面来理解财务目标，那是最好不过的。显然，企业价值最大化就是从财流这个角度来描述财务目标的，而相关者利益最大化则是从权流角度出发的。

正如财流与权流不是财务的两个本质，而只是一个本质的两个方面，从财流方面出发的企业价值最大化与从权流方面出发的相关者利益最大化也不是两个财务目标，而只是一个财务目标的两个方面。然而，这并不是说企业价值最大化就着重价值，而忽略财务关系；相关者利益最大化就着重财务关系，而忽略价值。其实，企业价值最大化正是在处理好财务关系的基础上注重企业价值的，而相关者利益最大化虽是从财务关系角度来考虑的，然而“利益最大化”已经蕴涵了价值，李心合（2000）干脆把该目标定名为利益相关者价值最大化。显然，两者的不同仅仅是从不同的角度来看待同一个问题而已，其实质是相同的。

本章参考文献：

1. 王庆成：“财务目标的思索”，《会计研究》，1999 年第 10 期。

2. 杜智勇：“企业价值确定论”，《经济问题探索》，2000 年第 3 期。

3. 王化成：“财务管理目标的国际比较和我国企业的现实选择”，《财会月刊》，2000 年第 8 期。

4. 刘贵生、杨碧玲：“财务管理目标的再思索”，《财经理论与实践》，2000 年第 7 期。

5. 李心合："利益相关者财务论"，《会计研究》，2003年第10期。

6. 李心合："知识经济中资本与产权理论的发展"，《江苏社会科学》，1999年第1期。

7. 杨瑞龙："论利益相关者合作逻辑下的企业共同治理机制"，《中国工业经济》，1998年第1期。

8. 张惠忠："论企业财务的本质"，《浙江经济高等专科学校学报》，2000年第2期。

9. 王东升、陈庆杰："论现代企业财务目标的确立"，《山西财经大学学报》，1999年第8期。

10. 陈功："从'股东财富最大化'到'利益相关者财富最大化'"，《经济师》，2000年第5期。

11. 伍中信：《现代财务经济导论——产权、信息与社会资本分析》，立信会计出版社1999年版。

12. 伍中信、贺正强："从'股东财富'到'企业价值'：正待融合的企业财务目标"，《国际财务与会计》，2003年第4期。

13. 伍中信、杨碧玲："企业财务目标的产权基础"，《财会通讯》，2003年第11期。

14. 汤谷良："现代企业财务的产权思考"，《会计研究》，1994年第8期。

15. 汤敏、茅于轼：《现代经济学前沿专题》，商务印书馆1989年版。

16. 保罗·A．萨缪尔森：《经济学》，中国发展出版社1992年版。

17. J．R．Hicks："Value and Capltal"，1946，p. 172.

18. Coase，Ronald："The Nature of the Firm"，1937.

19. Alan . C . Shapiro: "Multinational Financial Management", October. 1991.

20. Mitchell, Agle, Wood: "Toward a Theory of Stakeholder Identification and Salience : Defining the Principle of Who and What Really Counts", Academy of Management Review, October 1997.

第五章

资源配置与财权配置：现代财务的基本职能

第一节 从财务本质看财务职能

一、财务本质与财务职能

本质是事物的属性问题，每一门学科的本质都是该门学科理论体系的基石。而财务职能则是财务本身所固有的本质属性，是本质的具体化。以往对于财务职能的不同认识，主要是由于对财务本质认识的不一致所造成。财务本质不同的观点在不同程度上反映了财务的某种特性。在传统计划经济体制下，将财务解释为

“分配关系”，其财务职能归纳为分配职能和监督职能。改革开放后，有些学者提出将财务本质理解为某种经济关系或某种资金运动。因而出现了如下对财务职能的理解：“组织资源”职能、“参与经济决策”职能；组织职能、调节职能、监督职能三职能论；财务计划、财务组织、财务指挥、财务协调、财务控制五职能论；以及筹集资金职能、垫支资金职能、增值价值职能、实现价值职能、分配价值职能、财务监督职能六职能论，等等。这些观点虽然比较全面，但着重与财务活动的内容和环节相联系，很少从财务本质这个角度来分析。随后，郭复初认为财务本质是本金的投入与收益活动及其所形成的特定经济关系。并在此基础上提出了四职能的观点，即认为财务具有筹资职能、调节职能、分配职能、监督职能，该观点认为从本金的投入看，财务具有筹资职能与调节职能（通过本金投入方向、规模与结构调节生产经营活动的方向、规模与结构），从本金收益看，财务具有分配职能，从本金投入与收益的最佳统一看，财务具有监督职能。“本金投入收益论”将“资金”概念的外延进一步缩小到了“财务资金”的范畴，然而终究是一种价值运动论，并没有将与价值运动相伴随的权力运动提到相应的高度。因而，由此得来的财务四职能也是侧重于价值运动过程的。

从上可以看出，财务的本质和职能是有机联系在一起的。财务的本质决定财务的职能，财务的职能是财务本质的具体体现。因此，我们对财务职能的研究必须从财务本质出发，从而把财务职能同财务管理内容，如筹资、投资、分配等区别开来；把财务职能同财务管理环节（方法），如计划、控制等区别开来；把财务职能同财务管理原则，如财务协调等区别开来；把财务职能同资金运动规律，如垫支资金、增值价值等区分开来。

二、基于财权流的财务基本职能

正如前文所述，财务本质决定财务职能，财务职能是财务本质的具体体现。因此，我们对财务职能的界定，就应该从“财权流”这个财务本质来进行分析。由于“财权流”本质包括“财流”和“权流”两个方面，这样，财务的基本职能也应该从这两个方面出发，我们将其定义为资源配置职能与财权配置职能。企业的资源配置功能表现在经济资源的取得、经济资源的结构调整、人力资源和技术资源的配置等方面。而现代财务属于价值化管理范畴，侧重对企业经济资源的配置。因此，本书所指的资源配置是指财务资源的配置，是从价值方面考虑的，而财权配置则着重的是价值运动中权力的配置。这里需指出的是，为了更好地理解财务职能，本书将财务职能分为基本职能和具体职能，而资源配置与财权配置都属于财务的基本职能。对于如何界定财务的基本职能，我们认为，其一，财务的基本职能是财务本质决定的财务的最基本的功能，我们对财务职能的研究必须先从财务基本职能开始，只有这样才不会本末倒置，不会出现像以往从财务管理内容、财务管理环节来研究财务职能的情况。其二，财务基本职能决定财务具体职能，财务具体职能体现财务的基本职能。其中，财务具体职能包括筹资、投资、调节、分配和监督等职能。我们完全可以把筹资、投资、调节、分配四大职能作为资源配置这一基本职能的具体职能看待。同时，我们也认为这些具体职能同样体现着财权配置这一基本职能。

第二节
资源配置：现代财务的基本职能（Ⅰ）

一、企业是社会资源配置的细胞

根据费用最低原则，市场、企业、政府都有其在资源配置功能上的最优边界。从动态上看，三者的最优边界会由于某一配置方式费用的变化而变化，因此，社会的经济运转和资源配置过程，就是一个以交易费用最低为原则，不断重新安排权利、不断调整权利结构的过程，这就是科斯定理的精髓。本书试以此为理论基石，探讨现代财务的资源配置基本职能。

企业与市场之间只是一线之隔，根据现代产权经济学精神，企业产生的根本动因在于减少要素所有者之间的交易费用，为此而发生合伙、联合等行为。在要素所有者之间的交易次数之频繁，交易行为短期化，各主体在交易中的价格优惠、谈判、协定方面均发生过多的交易费用，这就促使他们走向联合之路，通过“企业家命令”的方式减少市场交易费用，这便是企业产生的根源。当企业的规模达到一定程度，其内部将增加的管理等费用超出企业与市场交易费用增加额时，企业的规模便停止扩张，这就是企业与市场的边界，它是以交易成本最低为界定标准。

我们知道，市场在资源配置中起到基础性作用。一方面表现出它在资源配置中的广泛性，另一方面体现了在管理中的初级性（低层性）。而政府的资源配置是在市场以微观效率最低为原则的广泛配置基础上，针对其在社会效益和产业结构政策等方面的偏差所作的再配置，其目的是社会效益最优。根据科斯理论，企业也应有资源配置的功能，它是促进交易费用最低化的一个重要方面。我们认为，企业是社会资源配置的基本细胞，是资源配置的微观体现。

1. 企业是市场、政府资源配置流向的最终着落点

不管是地区、部门配置，还是技术配置，最终都要配置到企业和其他组织身上，如果没有企业这一配置的基本细胞，社会资源配置很难完整地找到它的归宿。

2. 企业资源配置是社会资源配置后的再配置

企业在接收市场、政府两者资源配置时，并不是消极被动的，它有一个积极能动的再配置过程。这表现在两个方面：其一，通过筹资结构来调节市场资源配置。当市场的资源以效率最优原则流向本企业时，本企业可以通过筹资结构和筹资限额政策限制市场资源的流向。也就是说，企业在接收市场资源配置时，还要考虑自身的效率是否能最优化。当企业前景看好，外界股民争相购买企业股票时，企业有可能不通过增发股票而通过发行债券的方式来达到资源的配置最优。其二，企业在接受社会资源配置后，通过内部投资、生产结构、产品结构的调节来达到资源的再配置效果。即对生产什么、生产多少进行配置。不同的配置方式有不同的配置结果。

3. 企业资源配置的成果是社会资源配置的“指示器”

企业资源配置的成果是利润的形式，利润的最大化是资源配置的目的所在。一个企业利润的大小直接引导着社会资源配置的流向。

4. 企业是市场资源配置的直接参与者

一方面通过筹资来接收市场资源，同时又通过对外投资来追逐市场资源配置的流向。因此，企业是市场资源配置链条中相互连接的“环”，“环”的两端便是筹资和对外投资。因此，可以

说企业是资源配置的基本细胞，企业位于市场的边界，它积极参与着市场的资源配置，同时自身也对资源进行着再配置，以达到效率最优化。

二、资源配置是现代财务的基本职能

在目前对财务职能的表述中，一般认为财务具有筹资、调节、投资、分配和监督等几大职能。笔者认为，前四个职能可以统一归纳为资源配置职能。前文已述，在筹资、调节和投资三大职能中，无不体现着企业参与市场资源配置和企业内部配置的功能。而作为企业资源配置的财务成果及其分配也应是资源配置职能的重要体现，其理由是：（1）企业收入的实现是企业资源配置的最终成果，也是资源配置的最终所求。（2）收入的分配是市场资源配置的内在动力。收入分配是对社会资源配置的报偿，也是社会资源配置的目标所得。分配所得是社会资源配置优化与否的衡量标准，直接影响到下次资源是否应流向该企业，它引导着资源配置的流向，因而收入的分配已成为社会资源配置的指示器。（3）收入分配是下一次资源配置的资金来源，是资源配置能否连续的关键。可以说，收入的实现及分配是前一次资源配置的终点，又是下一次配置的起点，它成为两个资源配置的连接点。（4）收入分配在一定程度上成为资源配置的一种手段。在公有制经济中，一切生产者利润收入都构成公共收入，都可以统一分配使用。在计划者主权机制下，计划者可以直接改变资源配置，扩大某一部门的生产而减少另一部门的生产。一个部门会由成本的增加导致利润的减少或亏损，而另一部门会由边际成本的下降而产生超额利润，为了使这种资源配置比例得以维持，计划者就要减免一些部门的上缴利润，提高另一些部门的上缴任务，或者把一些部门的超额利润用来作另一些部门的亏损补贴，这就形成了“区别上缴利润率”和“合理亏损补贴”（樊纲，1990）。在市场经济条件下，虽然这种配置方式已不占主导地位，但在一些政策性行业、垄断性行业，通过政府资源配置政策作用于企业收入分配（或补亏）来组织和引导社会资源的合理配置，仍然是不可忽视的重要举措。也就是说，政府资源配置的诸多手段如税收政策、补贴政策等均是通过企业收入分配（或补贴）的途径来达到的。由此可以说，企业收入分配是直接参与资源配置的一种手段。

在财务的几大职能问题上，我们完全可能把筹资、调节、投资、分配等四大职能作为资源配置这一基本职能的具体职能看待，而财务监督作为财务职能，与前四大具体职能的根本区别是，前四者是基于经济资源价值（方面）形态的配置。而监督则是一种权力安排或者配置，故将财务监督列入财权配置范畴。由于财权配置除了财务监督在筹资、投资，调节和分配具有广泛的监督权外，同时也对这四大具体职能进行着财权的配置，具体分述见下节。

第三节
财权配置：现代财务的基本职能（Ⅱ）

一、筹资——财权的流入（配置）过程

筹资活动是指从企业内外筹集生产经营所需资金的过程，是企业得以成立的前提。企业筹资主要来源于企业所有者与债权人，来源于企业所有者的资金形成企业的自有资本，而来源于企

业债权人的资金则形成企业的负债，自有资本和负债是两个完全不同的概念，其所体现的财产权利和义务也是完全不一样的。自有资本是所有者的权益，对企业的债权则是企业债权人所拥有的按期对企业索回投资本息的财产权利。由于不同的资金来源所体现的权利和义务的不同，因此，企业自有资本与负债的比例不同，就必然导致企业财产权利与财产义务结构的不同。可见，企业资本结构问题的实质是企业产权结构问题。具体说来，企业的筹资规模反映了财权的配置总量，筹资结构反映了财权的配置比例，筹资方式和渠道反映了财权的配置质量，不同的筹资规模、筹资结构与筹资方式反映了财权的不同配置与安排。总之，筹资活动的目的是要保证投资资金的需要和资本结构的合理，要达到这个目的，只有使企业财权实现合理配置，财权配置合理了，资本结构自然达到最优状态。

二、投资——财权的流出（配置）过程

企业投资活动是指将所筹集的资金在企业内外合理投放的过程，是财务管理活动的中心内容。由筹资活动而流入的财权，在企业内部已转化为企业的资本。但是财权的转化并没有改变财权的本质，即财权仍然依附于某一特定的本金。这样，对本金投向与投量的调整其实也就是对财权如何流出的一种配置过程。投资活动的目的是最大限度地获得投资收益，这里的投资收益包括企业内部的经营收益和外部的投资收益。因此，只有使财权流出（配置）合理化，才能使投资收益达到最大化。而要使财权流出合理化，进行投资活动的企业就应该是拥有独立财权的市场参与者。只有在市场参与者都是拥有独立财产的财产所有者的情况下，市场参与者才会为了自己的利益去力求最快地掌握和领悟所

有会影响市场价格的信息，并能立刻采取相应的行动，从而力求在投资活动中实现资产组合的多样化，并在投资活动中自觉地遵循这样的原则：在既定的收益条件下，追求最小的风险；在既定的风险条件下，追求最大的收益。因此，有效的投资活动应该是拥有独立财权的市场参与者对财权流出进行合理配置的过程。

三、财务调节——财权的重组（配置）过程

企业的财务调节主要是针对企业资产组合不好，或者虽然资产组合起初较好，但经过生产经营后出现“板结”或“沉淀”时，对现有资产所作的重新调整，以利于企业财务目标的实现。其主要表现为企业的资产重组，是指通过不同法人主体的法人财产权、出资人所有权及债权人债权进行符合资本最大增值目的相互调整与改变，对实业资本、金融资本、产权资本和无形资本的重新组合。然而，对资产组合的重新安排并不是直接完成的，而是通过从存量上改变和优化资本结构，然后根据资本的投入进而改变企业的资产组合。因而，财务调节实质上是一个“改变”、“再改变”的过程，即一个“否定”、“再否定”的“否定之否定”的过程，正是这种否定之否定规律的运用，使得企业资本经营一环扣一环，形成了一个良性循环圈。而在这个否定之否定规律运用的同时也就是企业财权不断重新配置的过程。综上所知，财务调节可以说是对投资结果（资产组合）的一种再次投资（存量调节），从财权角度讲，就是企业对流入财权进行流出配置后的优化重组。

四、收益分配——财权的分配（配置）过程

收益分配是指企业在一定时期内对所创造的剩余价值总额在企业内外各利益主体之间的分割过程。按照企业契约理论，股东是企业股权资本的投入者，债权人是企业债务资本的投入者，经理层与雇员是企业人力资本的投入者。依照合同约定：股东分享股利，债权人分享利息和本金，经理人员和雇员分享工资报酬。这里的股利、利息和工资报酬都是企业的投资活动即财权运用的结果。因而，财务分配就是将财权运用的结果在各利益主体之间进行分配的过程，也就是财权的分配过程。从另一方面来讲，财务分配也是正确处理满足国家政治职能与组织经济职能的需要，处理投资者、经营者、经理层与雇员等几个方面物质利益关系的基本手段，而这种利益关系从本质上讲就是产权关系。因此，财务分配也是处理产权关系的过程。

五、财务监督——财务监督权的配置

财务监督是依据国家法律法规和企业单位内部财务预算、规章制度等，对企业单位财务活动的合法性和合理性进行检查、控制和督促。而要发挥好财务的监督职能，则必须对财权中的财务监督权进行有效的配置。财务监督权在公司内部是分散配置的，主要有两大监督体系：一是内部财务监督体系，包括横向财务监督、纵向财务监督、内部审计监督和员工财务监督。其中，横向财务监督是在公司治理结构内部相平行的组织机构之间进行的财务监督和约束行为；纵向财务监督是在公司内部上级组织或个人对下级组织或个人的财务监督约束行为，如董事会对经理班子的

财务监督等。二是外部财务监督体系，包括政府的财务监督、出资者的财务监督、债权人的财务监督和注册会计师的财务监督等。我们只有将财务监督权在各机构之间进行合理的配置，才能够形成完善的监督体系，从而有效地实施财务监督。

综上可知，筹资活动是财权的流入配置过程，投资活动是对财权的流出配置过程，财务调节是对财权流出配置后的重组，而收益分配则是对以上财权运用的结果进行配置。另外，财务监督的核心是财务监督权的安排。这样，筹资、投资、分配、调节、监督等具体职能无不体现着企业财权的配置，因此，我们同样可把财权配置作为企业财务的基本职能。

我们曾经把资源配置和财务监督作为财务的两大基本职能，并认为两者的关系是在资源配置中进行着财务监督，在财务监督中进行着资源配置。我们认为，财务监督是对资源配置过程的广泛性监督，财务监督权是财权的重要组成部分，也是财权配置的重要组成部分。后来我们的研究进一步发现，在对筹资、投资、调节和分配等财务资源配置中，还存在一种除监督权之外的不同财权配置（如上所述），因而我们把财务监督权纳入财权配置这一更大的、更确切的范畴中，并进而与资源配置相并列，这样做更符合我们价值与权力结合研究的特色，也更符合我们“财权流”的思想。

当然，我们将资源配置与财权配置作为财务的基本职能，并不是认为两者是截然不同的两个职能。正如财务本质中的财流与权流是附于一体的，是一个财务本质的两个方面一样，基于财流的资源配置与基于权流的财权配置也是同一客观过程的两个方面，是不可分割的。两者的关系是：在资源配置的同时进行着财权配置，在对财权实行有效配置的同时也就是实现资源配置的效率最优化。

第四节 以资源配置为核心的财务管理与以财权配置为核心的财务治理

财务是指企业生产经营过程中本金的投入与收益活动及其所形成的特定的经济利益关系。财务的这一概念特征决定了财务学的研究应从财务的二重性——经济属性（资金运动）与社会属性（产权契约关系）相结合来进行考察。然而，传统财务理论的研究框架和思路基本上遵循的是新古典经济学的研究范式。新古典企业理论把企业作为一个追求利润最大化和成本最小化的整体，将制度和结构假定为既定，来探究实现资源最优配置的条件。因此，传统财务管理理论是以财务的资源配置职能为核心的，仅仅从数量层面来对财务的经济属性进行分析，总体上属于价值管理理论的范畴，强调对财务管理活动的研究，如资本结构理论、投资组合理论、资本资产定价理论、MM 理论、股利理论等。不可否认，这些理论对现代财务的理论研究与实践运用起到了积极的推动作用。

然而，传统财务理论忽视了对现代企业产权契约关系特征的研究，没有把制度纳入财务行为的解释框架，轻视对财务社会属性的研究。兴起于 20 世纪 60 ~ 70 年代的新制度经济学告诉我们，一个节省交易成本的制度安排、制度框架和制度创新是至关重要的。新制度经济学将注意力集中于制度和结构本身，探寻资源配置的制度结构，强调制度在经济学中的重要作用，孕育出一个令人耳目一新的制度分析框架。这样，人们开始重视财务的财权配置职能，从而导致了财务治理结构理论研究的兴起。

现代财务治理结构理论正是研究财权配置的理论，是构建于新制度经济学基础之上的一个理论体系。新制度经济学研究中的核心概念是“产权”。新制度经济学的分析通常是从“产权”概念开始的，以产权在不同利益主体之间的分配为制度分析的出发点。可以说，“产权”范畴是新制度经济学分析的逻辑起点。而现代财务治理结构理论是构建于新制度经济学基础之上的一个理论体系，按这一逻辑推理下去，现代财务治理结构理论的核心概念应该是产权中具有财务属性的那一部分权能——财权。事实上，整个现代财务治理结构理论体系的研究正是围绕着财权这一核心概念而逐步展开的。“企业治理的核心是财务治理，公司法所规定的公司治理权配置的核心是财务治理权配置”（李心合，2000），“财务治理结构的核心是财权的配置”（林钟高，2002）。尽管理论界对公司财务治理的论述不尽相同，然而，建立在财权理论基础上的以实现财权合理配置为目的的财务治理理论已成为目前财务理论界的共识。不容置疑，以财权配置为核心的财务治理结构理论将是今后财务理论研究的新焦点。

本章参考文献：

1. 郭复初：“财务理论研究与发展”，《会计研究》，1996 年第 2 期。

2. 王庆成、孙茂竹：“我国近期财务管理若干理论观点述评”，《会计研究》，2003 年第 7 期。

3. 江春：“企业财务理论与实践中的产权问题”，《华南金融研究》，1999 年第 6 期。

4. 夏既明、张荣武："财权合理配置——现代企业财务目标新视角"，《上海会计》，2002 年第 7 期。

5. 简燕玲："从财务本质、财务目标、财务环境看财务职能"，《中国审计》，2003 年第 21 期。

6. 李心合："知识经济与财务创新"，《会计研究》，2000 年第 10 期。

7. 伍中信："资源配置是财务的基本职能"，《财会月刊》，1998 年第 6 期。

8. 林钟高："财务治理结构：一项理论研究"，第八届全国财务学科建设与理论研究会。

9. 郭复初：《财务通论》，立信会计出版社 1997 年版。

10. 伍中信：《现代财务经济导论——产权、信息与社会资本分析》，立信会计出版社 1999 年版。

11. 伍中信：《资本经营财务概论》，西南财经大学出版社 2002 年版。

12. 樊纲：《公有制宏观经济理论大纲》，上海三联出版社 1990 年版。

下篇

财务治理结构理论研究

第六章

财务治理与财务管理

第一节 从企业管理到财务管理

一、财务管理的萌芽与发展

财务管理是社会生产力进步与发展的产物，大约在四五百年前，地中海沿岸城市商业的迅速发展以及股份公司的出现，促使财务管理作为企业的一种组织形式诞生。但这个时期的财务管理仅仅只是企业管理的一个附件，没有自己独立的职能，同时缺乏相应的财务管理理论和实践经验，因此，这一时期的财务管理还处于萌芽阶段。

在20世纪50年代以前，财务管理基本上是作为应用经济学的一个组成部分。通常认为，20世纪50年代学术界在证券组合理论与资本结构理论等方面取得的突破性进展标志着现代财务管理学的诞生（林钟高，2002）。美国著名财务学家 Thomas E. Copeland 与 J. Fred Weston（1988）也指出：在过去的30年间，应用经济学的一个分支沿着独特的道路发展，现已成为公认的现代财务理论。马科威茨与托宾发展了有关组合选择理论以及莫迪利亚尼与米勒发表有关资本结构和估价的研究成果的1958年具有分水岭意义，此前财务管理学主要是一个描述领域，此后才进入实证科学的领域。

我国企业管理和理财的发展历程道路崎岖，走过弯路并付出过相当大的代价。在计划经济时代，我国的企业管理与财务管理不是以追求企业效益为主要目标，而是更多地考虑社会责任，收益分配是按劳分配口号下的平均主义。自从1978年改革开放以后，特别是1993年，党中央十四届三中全会明确提出了国有企业的改革方向是“建立现代企业制度和实行科学的企业管理”，作为企业管理“血液”的财务管理才开始受到重视。

目前，国有企业正在加快改组、改制与改造工作。“一股独大”的国有企业正朝着投资主体多元化的股份制混合型经济形式发展，经营者与企业职工持股使国有企业和广大员工真正成为一个命运共同体。国有企业转换经营机制之后，将成为真正的市场竞争主体与法人治理实体。国有企业建立现代企业制度与国有企业改制，客观上都对财务管理提出了更高更迫切的要求。因此，财务管理的重要性正随着经济体制改革向纵深推进而日益凸显出来。

二、财务管理是企业管理的核心

在社会范畴中，企业是追求经济效益的盈利性组织。企业管理包括生产管理、财务管理、销售管理、人力资源管理等诸多方面。在经济组织中，财务管理作为企业管理的“血液”，处在企业管理的中心位置上，渗透到企业的各个领域与各个环节之中，直接关系到企业的生存、发展与获利能力。因此，从某种意义上说，财务管理是企业持续发展壮大的“关节点”和核心。然而，现实中还有相当多的企业其财务管理不尽人意，主要存在两个误区：一是把财务管理简单化，仿佛财务管理只是财务部门的事，忽视其整体管理职能；二是财务部门完全听命于“老板”，忽视财务管理自身的规律性与相对的独立性。

随着我国经济体制改革的不断深入，财务管理作为企业管理的核心，已成为理论界和实务界人士的共识。我们之所以说财务管理是企业管理的核心，因为它是有关资金的获得和有效使用的管理工作，主要是通过价值形态对企业资金运动的一项综合性的管理，渗透和贯穿于企业的一切经济活动之中。企业资金的筹集、使用和分配，都与财务管理有关；企业的生产、经营、进、销、调、存每一环节都离不开财务的反映和调控。企业的资源配置和财务监督更是企业内部管理的中枢，在企业管理中处于核心地位具有客观必然性。

正如企业管理有其目标一样，财务管理也有自身的目标，财务管理目标是指企业在一定环境和条件下所应达到的预期结果和企业整个财务管理工作的定向机制、出发点与归宿。财务管理直接关系到企业的生存与发展，具有涉及面广、综合性强、灵敏度高等特点。资金是企业的“血液”，企业资金运动的特点是循环往复地“流动”。资金活，生产经营就活，一“活”带百“活”，一“通”就百“通”。如果资金不流动，就会“沉淀”与“流失”，得不到补偿增值。正因为这样，资金管理成为企业财务管理的中心也是一种客观必然。

作为一个完整的循环活动过程，财务管理一般包括财务计划、财务预测、财务决策、财务控制、财务分析、财务考评等环节。这些环节中的活动不仅与企业管理息息相关，而且都处于“关节点”，是控制和管理的核心。抓企业管理应以抓财务管理为基础，为入手点。这样，既可以抓得实在，又揪住了“牛鼻子”。因此，财务管理是企业持续发展壮大的一个关键，是企业管理的核心。

第二节 从企业治理到财务治理

一、企业治理与财务治理的界定

企业治理是当前国内外理论界和实务界关注的热点问题，也是一个复杂的体制体系。从实践的角度看，它是随着社会经济的发展、经济体制的变化、企业改革的深入，逐渐产生并演化为事关企业生存发展的重大战略问题的。从理论研究的角度看，作为现代企业的重要组成部分，企业治理涵盖了企业制度、企业管理、政府规制等领域，应用定量分析、比较分析、案例分析等研究方法，是跨越多学科的综合性研究课题。

关于企业治理内涵的界定，目前国内外理论界还存在较大的分歧。从西方早期的有关企业治理的文献看，主要是詹森和麦克林（Jensen and Meckling，1976）的观点，他们主要致力于解决所有者与经营者之间的关系，认为企业治理的焦点在于所有者与经营者的利益不一致。施莱弗和维什尼（Shleifer and Vishny，1997）则认为企业治理要处理的是企业的资本供给者确保自己可以得到投资回报的途径问题。

吴敬琏（1994）指出，所谓企业治理结构，是指由所有者、董事会和高级执行人员即高级经理人员三者组成的一种组织结构。在这种结构中，上述三者之间形成一定的制衡关系。通过这一结构，所有者将自己的资产交由企业董事会托管；董事会是企业的最高决策机构，拥有对高级经理人员聘用、奖惩以及解雇的权力；高级经理人员受雇于董事会，组成在董事会领导下的执行机构，在董事会的授权范围内经营企业。

哈特（Hart，1995）指出，治理结构被看作一个决策机制，而这些决策在初始合约中没有明确地设定。更准确地说，治理结构分配企业非人力资本的剩余控制权，即资产使用权如果在初始合约中没有详细设定的话，治理结构将决定其如何使用。哈特认为，只要以下两个条件存在，企业治理问题必然产生。第一个条件是代理问题，即组织成员之间利益冲突；第二个条件是交易费用之大使代理问题不可能通过合约来解决。如果出现代理问题并且合约不完全，则企业治理结构就至关重要。

美国斯坦福大学钱颖一（1995）指出，在经济学家看来，企业治理结构是一套制度安排，用于支配若干在企业中有重大利益关系的团体——投资者（股东和贷款人）、董事会、经理层之间的关系，并从这种联系中实现经济利益。企业治理结构包括：（1）如何配置和行使控制权；（2）如何监督和评价董事会、经理层；（3）如何设计和实施激励机制。一般而言，良好的企业治理结构能够利用这些制度安排的互补性质，并选择一种结构来降低代理成本。

张维迎（1999）认为企业治理结构是一种解决股份制企业内部各种代理问题的机制，它规定着企业内部不同要素所有者的关系，特别是通过显性和隐性的合同对剩余索取权和控制权进行分配，从而影响企业家和资本提供者的关系。李维安（2002）则指出，企业治理是指所有者（主要是股东）对经营者的一种监督与制衡机制，即通过一种制度安排，来合理配置所有者与经营者之间的权利与责任关系。

以上关于企业治理及其治理结构的定义是密切相关的，只是站在不同的角度（制度的角度、决策机制的角度、组织结构的角度）对企业治理及其治理结构所作的不同概括。一个良好的企业治理结构应使企业最有效地运行，保证各方面的企业参与人的利益得到维护和满足。其界定的不只是企业与所有者之间的关系，而且包括企业与其他利益相关者的关系。这种制度安排决定企业为谁服务，由谁控制，风险和利益如何在各利益相关者之间分配等一系列问题。由此看来，企业治理结构是企业治理的核心。

对应于“企业治理”概念的广义与狭义之分，衣龙新（2002）认为“财务治理”概念也应有广义、狭义之分。狭义“财务治理”，一般是指财务内部治理，尤其是特指“财务治理结构”。可简单定义为：由企业股东大会、董事会、经理层、监事会等权力机构对企业财务权利进行配置的一系列制度安排。狭义“财务治理”强调的是通过财务治理结构安排，对企业财权进行合理分配，以形成一种财务激励约束机制。广义“财务治理”，一般是指企业财务共同治理，即企业内、外部利益相关者共同对企业财务进行治理，即用以协调企业与其利益相关者之间财务关系、平衡财务权利的一套正式的与非正式的制度或机制。

广义“财务治理”强调的是利益相关者对企业有财务利益要求，并相应承担一定财务风险，因而应参与企业财务治理；财务治理结构应由利益相关者组成，并不局限于企业股东大会、董事会等权力机构，企业员工、债权人等利益相关者也应在财务治理结构中占有一定位置。

我们认为，财务治理是从财务的社会属性（产权契约关系）出发，以财权逻辑为起点，研究如何通过财权在企业内部的合理配置，形成一系列联系各利益相关主体的正式和非正式的制度安排，以期达到维护利益相关者利益的根本目的。从西方有关财务治理的研究来看，在对融资结构、股权契约、债权契约、激励与约束机制、利润分配等一系列有关财务治理结构、机制基本问题的阐述分析中，始终渗透着“权力”问题。因此，从本质上说，财务治理是一个关于财权配置的合约安排。财务治理是指出资者、经营者、债权人、雇员、供应商和政府等利益相关者对财权的有效配置及由此形成的权、责、利相对应的一系列制度安排。财务治理就是以产权中的核心部分——财权为基本纽带，以融资结构为基础，通过财权的合理有效配置，以达到维护利益相关者利益的根本目的。

基于此，我们认为对于“财务治理”内涵的认识，可以在“企业治理”框架下进行，财务治理是企业治理的核心和重要组成部分，财务治理结构又是财务治理的核心和表现方式，也就是说，财务治理是通过财务治理结构的方式来履行和实施的。

二、企业治理与财务治理的联系

企业治理与财务治理相互联系、相互制约、相互影响。财务治理是企业治理的重要组成部分，在企业治理中处于核心地位。

企业财务治理问题的解决能促进企业治理问题的解决，企业财务治理为企业治理的完善提供基础。财权的有效配置能促进财务治理问题的解决，界定产权关系、明确财产所有权和企业所有权是企业治理的基础。企业治理又可以对财务治理产生影响，若企业治理得到较好的解决，则能促进财务治理进一步发展；反过来，财务治理的发展又能促进企业治理的发展。完善企业治理有两条途径：第一，财权→财务治理→企业治理，财权的有效配置为财务治理提供基础，财务治理进一步促进企业治理发展；第二，财权→产权→企业治理，财权的有效配置是产权界定和明晰的前提，产权的界定和明晰能促进企业治理的进一步完善。如图6－1所示。

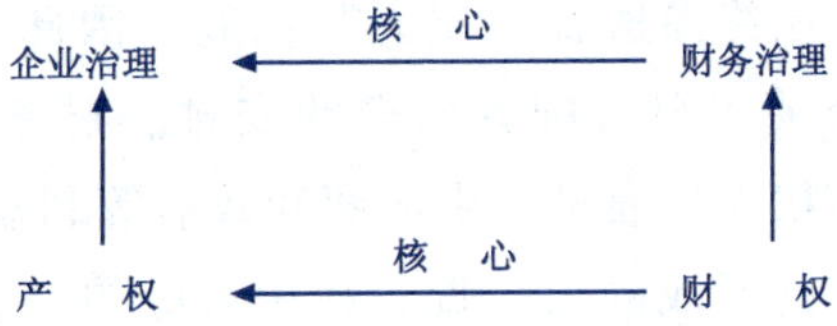

图6－1　企业治理与财务治理

下面我们进一步分析企业治理结构与财务治理结构的联系：

1. 企业治理结构作为企业治理的核心，对财务治理结构有着重要的影响

（1）企业治理结构影响着企业财务目标的确立。传统治理结构理论奉行“股东至上”的治理逻辑。现代治理结构理论遵循“共同治理”的逻辑，它认为，对于现代企业而言，企业内部各产权主体的角色和地位发生了重大的变化。一方面由于新技术革命的迅猛发展，改变了物质资本与人力资本之间的力量对比，物质资本对企业的贡献趋于下降，人力资本对企业的贡献却迅猛上升；另一方面由于资本市场的建立与完善，使得物质资本

有了退出途径，物质资本承担的风险越来越小，而与此同时，企业内部劳动的性质却发生了根本性的变化：简单的体力劳动越来越少，复杂的智力型劳动越来越多，智力型劳动具有较强的专业性，它是长期专业化知识积累的结果。以上两方面的变化迫使智力资本的拥有者与物质资本的所有者在缔结企业契约的时候对企业的剩余索取权和剩余控制权提出了分割的要求，而物质资本的所有者当然不会将剩余索取权与控制权拱手让出，双方博弈的一个均衡态势必是双方共享企业的剩余收益，因而企业的财务目标就表述为企业价值最大化。

（2）企业治理结构对财务主体的确立以及财权在不同财务主体之间的分割有重要影响。事实上，企业财务主体首先是产权主体，并依附于企业所有权主体而存在，不同的企业所有权安排导致企业的财务主体具有不同的特征。对于公司制企业而言，财权在财务主体间的分割程度是所有权与经营权分离的一个重要侧面，企业两权分离的程度越高，经营者就越倾向于拥有更多的财权。

（3）企业治理结构决定着企业财务控制权的安排。企业财务控制权是一种状态依存权，在通常的情况下，企业的日常财务控制权掌握在企业的经营者手里，而最终控制权掌握在企业的股东手里；当企业资不抵债或无力清偿到期债务时，企业的财务控制权就转移到债权人手中。股东以其财富最大化为根本出发点，采取“用手投票”或“用脚投票”的方式来参与企业的治理；债权人以最大限度地收回债权为目的，采用破产清算或企业重组的方式来进行企业治理。

2. 财务治理结构在企业治理结构中的地位

企业治理是一种剩余索取权与剩余控制权（即广义的产权）安排机制，通过这种机制可以解决因企业所有权和经营权分离而产生的代理问题（即经营者激励和约束问题）及经营者选择问题，而代理问题的出现很大程度上可归因于企业相关成员之间存在着经济利益的冲突，经营者激励和约束问题也在绝大多数方面体现为经济利益方面的激励和约束。如何协调和解决好这种经济利益方面的冲突是企业治理所要解决的基本问题之一。

从企业治理所包含的具体内容来看，我们可将企业治理分解为：财务治理、生产治理、人事治理、市场治理等几个方面，企业财务治理作为企业治理的一个重要方面，其目的就是为了解决这种经济利益方面的冲突。企业治理以产权（广义的）为核心和纽带，而企业财务治理以企业的财权为核心和纽带。企业财务治理，应该是一种企业财权的安排机制，通过这种财权安排机制来实现企业内部财务激励与约束。当然企业财务治理的这种财权安排是在企业剩余索取权和剩余控制权安排的基础上进行的。

进一步考察企业财务治理带给企业治理的影响，我们认为企业财务治理的财权安排最终从两个方面影响企业治理，首先是形成一种财务激励与约束机制，从制度上影响企业治理；其次是形成特定的财务结构（或资本结构），从结构上影响企业治理。

第三节 企业治理与企业管理

一、企业管理：理论与实践

企业管理就是组织和运用人力资源、财力资源、物力资源、信息资源等，充分发挥资源效益，实现企业目标的过程。企业管理具有两种基本职能，即合理组织生产力和维护生产关系，前者是企业管理的自然属性的表现，后者是企业管理的社会属性的表现。国外从 19 世纪末到 20 世纪初形成系统的企业管理理论，经历了各种管理理论与学派的演变和发展过程，从以泰罗、法约尔、韦伯为代表的古典管理理论到以梅奥、马斯洛、赫茨伯格为代表的行为科学理论，再到第二次世界大战后出现的多种管理理论与学派并存的局面，包括巴纳德的社会系统学派、西蒙的决策理论学派、卡斯特和罗森茨韦克的系统管理学派、德鲁克的经验主义学派、伯法的管理科学学派以及权变理论学派和美国管理学家孔茨提到的组织行为学派、社会技术系统学派、经理角色学派等。

在企业管理实践方面，20 世纪 30 年代国外企业追求规模经济效益，到 60 年代基本上实现了规模效益第一的管理方式。随后，又在大公司的基础上更加重视降低成本，通过准时生产和效益生产方式，在企业管理中取得降低成本和价格竞争的优势。在大公司和低成本的前提下，又把产品质量作为企业管理追求的首要目标，从符合性质量到适用性质量再到满意性质量，以适合市场竞争和用户的要求。20 世纪 80 年代后期开始的企业结构重建、流程再造，突破了以往的企业管理职能分工理论，而从组织变革入手去改革企业管理工作，在企业管理中涌现出种种新思维、新概念、新做法，以适应信息技术、知识经济条件的市场竞争的需要。20 世纪 90 年代以来的企业管理，在保持和发展规模经济效益、成本效益、价格效益、产品质量效益的基础上，又把对客户的最佳服务作为企业管理的首选目标。因此，企业管理工作的不断创新，将是知识经济时代企业管理工作的灵魂。

二、企业治理与企业管理的关系剖析

传统的管理理论与思想一般并没有把企业治理作为特定的领域进行研究。我们要研究财务治理与财务管理的关系，就有必要研究企业治理与企业管理的关系。企业管理的作用被认为是如何使企业的经营更有效率和效力，因而管理的核心是业务的经营管理。企业治理与企业的内在性质、目的和整体形象有关，与企业的战略方向、社会经济和文化背景、外部性和组成的要素的监督有关（田志龙，1999）。Tricker 在《公司治理》一书中对公司管理与公司治理进行了比较，认为公司治理的任务就其本身而言不在公司的经营业务上，而是对公司予以指导、说明责任、监督和控制管理的行政措施。其中，指挥与战略管理是治理和管理的交叉之处。Tricker 的结论是：管理的核心为业务经营管理，治理的核心为企业是否被恰当地经营。同样，费方域也对两者的关系进行了界定：治理的中心是外部的，管理的中心是内部的；治理是一个开放的系统，管理是一个封闭的系统；治理是战略导向的，管理是任务导向的。治理关心的是“公司向何处去”，而管理关心的是“怎样使公司到达那儿”。

简言之，企业治理与企业管理的区别在于：治理具有外部性与开放性，侧重的是对企业是否被恰当地决策与经营管理进行监督和控制；而企业管理是内部的，侧重于业务经营管理，主要是经理行使指挥权，但要服从董事会的战略性决策管理（李维安、武立东，2002）。

第四节
财务治理与财务管理

一、契约控制理论与价值管理理论：理论范畴的比较

从总体上讲，财务治理是一个关于财权配置的契约控制理论，而财务管理则是一个关于资源配置的价值管理理论。

从西方有关财务治理的研究内容来看，在对融资结构、股权契约、债权契约、激励与约束机制、利润分配等一系列基本问题的阐述分析中，始终渗透着“权力”问题。财务治理就是以产权中的核心部分——财权为基本纽带，以融资结构为基础，通过财权的合理配置，在企业内部形成关于财务控制权和财务收益分享权的均衡制度安排，以达到维护投资者利益的根本目的。因此，从总体上看，财务治理是一个关于财权制度安排的契约控制理论体系。而财务管理是有关资金的筹集、投放和分配的管理工作。财务管理的对象是本金运动。在财务管理的视野里，本金运动是一种数量化的价值运动，它以价值形态综合地反映企业的再生产过程。财务管理就是基于企业再生产过程中客观存在的本金运动而产生的，侧重从本金运动的数量层面、价值层面来分析研究财务问题。简言之，财务管理是一种价值管理理论。

二、技术分析模式与制度分析模式：研究范式的比较

企业财务理论构建于特定的企业假定基础之上，企业的不同

界定和企业特征的现实变迁都会对企业财务理论构成决定性影响。现有的企业财务理论构建于传统的企业特征基础之上，基本上是一种价值管理理论。传统财务理论的研究框架和思路基本上遵循的是新古典经济学的研究范式。新古典企业理论把企业看做一个追求利润最大化和成本最小化的整体，将制度和结构作为既定因素，从而探究实现资源最优配置的条件。由于传统财务理论重视对企业技术特征的研究，我们不妨将这一研究方式称为技术分析模式。新古典经济学在分析问题时总是把经济制度看做是一既定的前提，认为市场是无摩擦的，具备完全信息且不存在逆向选择与道德风险等问题。由于新古典经济学上述暗含假设的严重缺陷和错误，构建于新古典企业理论基础之上的传统财务理论在理论与实践上均存在先天的缺陷，反映在传统财务理论体系上主要有以下几个方面：第一，构建于古典企业理论基础之上的传统财务理论忽视了对现代企业产权契约关系特征的研究，理论与现实相背离；第二，由于认同了既有的制度，没有把制度纳入财务行为的解释框架；第三，以经济人假设为理论前提，必然形成对财务经济性效率和经济性规则的过分关注以及对财务的社会属性的轻视，使得在财务学领域，至今仍看不到“社会人”的影子(李心合，2002)，这也就是当今资本市场中财务舞弊行为日益蔓延的思想根源；第四，与当今新制度主义经济学的研究成果相脱节。

解决传统财务理论的上述缺陷，需要实现财务理论研究模式与思路的重大转变。财务理论研究的这一转变过程需要理论经济学的支持。兴起于20世纪60～70年代的新制度经济学是在对新古典经济学的批评中发展起来的。新古典经济学的分析方法，将企业、市场、政府都看作是“黑箱”，这些制度安排都是没有成本的。在新古典经济学范式中，制度作为一种抽象概念，是被忽略而不被考虑的，但在现实经济运行中，最重要的约束变量不仅是生产成本，而且还包括交易成本，用张五常的话说，就是制度成本。新制度经济学告诉我们，一个节省交易成本的制度安排、制度框架和制度创新是至关重要的。新制度经济学将注意力集中于制度和结构本身，探寻资源配置的制度结构，强调制度在经济学中的重要作用，目的是孕育出一个令人耳目一新的制度分析框架。

企业资本结构的契约属性，决定了新制度主义经济学与财务学进行理论融合的可能性。现代财务治理理论的研究框架与思路就是承袭新制度主义经济学的最新研究成果，以不完全契约理论为核心，认为融资结构通过财务契约来对公司治理机制产生影响或制约。这就涉及到企业合约的性质（合约的不完备性）与企业所有权配置的关系问题，从而达到了与新制度经济学的完美结合。由于现代企业财务治理理论的上述研究特征，我们不妨将这一研究方式称为制度分析模式。

现代财务治理理论的制度分析模式重视制度与资本结构在财务学研究中的重要作用，研究如何通过财权在企业内部的合理配置，形成一组联系各利益相关主体的正式和非正式关系的制度安排和结构关系网络，以达到维护投资者利益的根本目的，这一研究在当前是很有现实意义的。

从传统财务理论向现代财务治理理论演进的过程中可以看出：在财务理论研究中借鉴经济理论研究的成果很有必要。正是由于理论经济学对财务理论研究的支持，才使得现代财务与传统财务相区别，并取得了惊人的成就。

三、财务治理与财务管理：相关性分析

现代财务治理理论是在对传统财务管理理论的批判与借鉴中发展起来的，但现代财务治理理论与传统财务管理理论的最大区别是：它不是对传统财务管理理论的否定，而是抱着补充和发展传统财务管理理论的态度，借助现代企业理论的制度分析模式去观察和研究现代财务问题。

财务的二重性特征决定了现代财务理论体系的层次性，财务治理与财务管理共同构成了现代财务理论体系。在这一理论体系下，财务治理是财务管理运行的制度基础，而财务管理则主要涉及具体的财务资本运营。如果说财务治理是一个如何在企业内部对财权进行配置的契约，那么财务管理是对该契约的实施。财务治理的模式特征在很大程度上决定了财务管理的模式特征。因此，财务治理理论的出现是对传统财务管理理论的补充与完善，两者在现代财务理论体系中居于不同的层次。对于两者的关系，决不能将它们严格对立起来，而应该用联系与发展的观点来认识。

从以上的分析中我们可以看出：企业治理和企业管理是现代企业的两个重要构成部分，两者是同一问题的两个方面。财务管理是企业管理的核心，财务治理则是企业治理的核心，因此能否研究解决好财务管理与财务治理问题将成为企业治理与企业管理好坏的关键，如图 6 – 2 所示。

进一步分析我们发现，财务治理主要处理“财务关系”，财务关系的处理也就是对财权流的配置；财务管理主要处理“财务活动”，财务活动也就是对本金运动的处理，如图 6 – 3 所示。

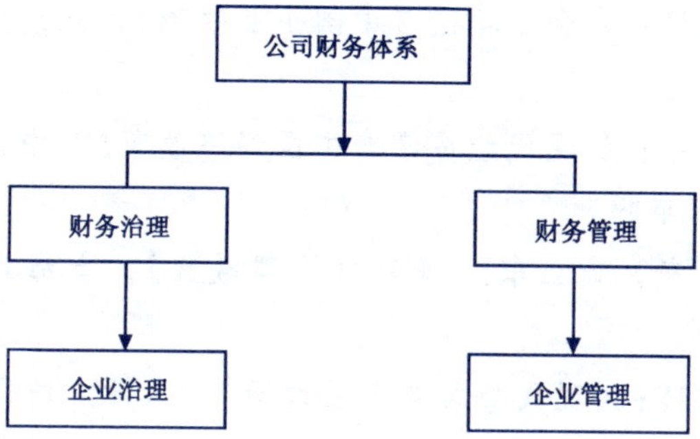

图 6－2

图 6－3

本章参考文献：

1. Jensen M, Meckling W. Theory of the Firm: Managerial Behavior, Agency Costs and Ownership Structure. Journal of Financial Economics, 1976, 3 (10): 305－360.

2. Hart O. Corporate Governance: Some Theory and Implications. The Economic Journal, 1995, 105 (3): 678－689.

3. Shleifer A, Vishny R. A, Survey of Corporate Governance. The Journal of Finance, 1997, 52 (6): 737－783.

4. R. I. Tricker, Corporate Governance, Oxford, 1984.

5. 张维迎：《企业理论与中国企业改革》，北京大学出版社 1999 年版。

6. 钱颖一：《现代经济学与中国经济改革》，中国人民大学出版社 2003 年版。

7. 李维安、武立东：《公司治理教程》，上海人民出版社 2002 年版。

8. 吴敬琏：《现代公司与企业改革》，天津人民出版社 1994 年版。

9. 衣龙新：《财务治理理论研究》，西南财经大学博士学位论文打印稿，2004 年。

10. 田志龙：《经营者监督与激励》，中国发展出版社 1999 年版。

11. 李心合："财务理论范式革命与财务学的制度主义思考"，《会计研究》，2002 年第 7 期。

12. 林钟高："财务治理结构：一项理论研究"，《第八届全国财务学科建设与理论研究会论文集》，2002 年。

第七章

财务治理结构体系研究

第一节 财务治理结构的涵义

一、从企业治理结构看财务治理结构

企业治理结构是当前企业理论研究中的热点问题，张维迎（1999）将企业治理结构视为一种制度安排。他认为，企业治理结构狭义地讲是指有关企业董事会的功能、结构、股东的权力等方面的制度安排，广义上是指有关企业控制权和剩余索取权分配的一整套法律、文化和制度性安排，这些安排决定企业的目标，

解决谁在什么状态下实施控制、如何控制、风险和收益如何在不同企业成员之间分配等这样一些问题。因此，广义的企业治理结构与企业所有权安排几乎是同一个概念，或者更准确地讲，企业治理结构只是企业所有权安排的具体变化，企业所有权是企业治理结构的一个抽象概括。

企业治理结构侧重于对企业所有权安排的研究，而企业财务治理结构侧重于对企业财权配置的研究。我们曾在第一章中指出，企业财权应该是依附于企业所有权而存在的，如果我们从财权安排的角度来认识企业治理结构问题，将会对我们研究企业财务治理结构问题提供有益的帮助与启示。

我们认为，企业财务治理结构是内含于企业治理结构中的一个关于企业财权配置的制度安排，财务治理结构是企业治理结构的核心和重要组成部分。企业财务治理结构的研究与企业治理结构不能割裂，需要将财务治理结构纳入到企业治理结构框架之中。财务治理结构是财务治理的核心和表现方式，通过财务治理结构的履行、实施、完善和调整，来达到财务治理的目的，进而完善企业治理。

二、财务治理结构的内涵

目前，财务理论界从不同的研究目的出发，根据自身的理解，概括出了多种财务治理结构概念，具有代表性的观点有：

杨淑娥（2003）认为，“财务治理”从动态上看，一方面表现为财权配置中的动态制衡和激励约束机制的形成；另一方面表现为新的债权人和投资人的加入——融资结构的形成——对现有资本结构的调整和改善。而“财务治理结构”是一种静态的理解，具体表现为财权配置结构和关系，它是由两类财务治理主体、多维度的财务治理客体及一系列财务治理中的经济利益关系构成，这是财务治理中一种暂时的平衡，相对的静止状态。

林钟高（2002）认为，财务治理是一组联系各相关利益主体的正式和非正式关系的制度安排和结构关系网络，其根本目的在于试图通过这种制度安排，以达到相关利益主体之间的权利、责任和利益的相互制衡，实现效率和公平的合理统一。企业财务治理结构归结为解决这样四个问题：信息的不完备性和不对称性；权利的不对等性（主要表现在拥有信息的主体不一定具有决策权，具有决策权的主体不一定拥有相对的信息优势）；监督问题；激励问题。后两者主要指的是如何在治理结构中反映对各相关利益主体的激励与约束，尤其对董事、监事、经理、财务人员等的监督和激励，这也是整个财务治理结构的核心问题。总之，财务治理要解决的就是基于一种效率和公平的前提，对各相关利益主体的责、权、利进行相互制衡的一种制度安排问题。企业财务制度创新的目的是建立高效、富有活力、激励约束相容的企业财务治理结构。

衣龙新（2002）认为，财务治理涉及的内容十分广泛，大体上可分为治理结构、治理机制、治理行为三个方面。财务治理结构是财务治理的基础，是财务治理发挥效力的依据。财务治理结构内容可划分为四个部分，即资本结构安排、财务组织结构安排、财务运营模式安排、财务机构岗位安排。财务治理机制内容可分为财务基本机制、财务激励约束机制、财务相机治理机制三个方面。财务治理行为规范是企业管理活动中具有战略性、全局性、系统性的特殊管理行为，它与企业一般财务管理活动，如筹资、投资、收益分配管理等，有着本质的区别。财务治理行为规范主要包括企业财务政策选择、财务战略规划设计等方面，构成了企业财务治理的重要内容。总之，财务治理结构是“骨骼”，治理机制是“血液”，治理行为是“器官”，三者共同构成了财务治理基本内容体系。

我们认为，财务治理结构与财务治理是方式与目的的关系。财务治理结构是以财权为基本纽带，以融资结构为基础，在股东为中心的共同治理理念的指导下，通过财权的合理配置，形成有效的财务激励与约束机制，实现相关者利益最大化和企业决策科学化的一套制度安排。同时，财务治理结构作为财务治理的实现方式，它又是一个系统的理论体系，具体包括治理主体理论、治理客体理论、治理中心理论、治理模式理论、治理目标理论等内容。

第二节
财务治理主体

财务治理主体，即谁参与财务治理。现代治理结构理论认为，企业治理的主体就是“利益相关者”，包括直接利益相关者和间接利益相关者。直接利益相关者是那些对企业投入了专用性资产而这些资产又在企业中处于风险状态的自然人或法人，他们是企业存在的必要条件，如股东、职工、债权人等；间接利益相关者是指客观上影响企业或受到企业影响，企业必须对其承担一定社会责任的利益主体，如社区、政府、社会团体、消费者、供应商及其他有关利益主体。企业利益相关者，尤其是直接利益相关者，是与企业共存亡的个人或团体，他们的利益与企业整体利益密切相关。在企业治理结构中处于核心地位的财务治理结构，其主体是由代表企业利益相关者、具有财务专业知识人员所组成的集体，如代表股东等出资者的财务总监、代表经营者的财务经理及财务人员、债权人或其委托的专业人员、职工代表等（张敦力，2002）。

一、企业治理主体

传统企业理论坚持股东单边治理逻辑，认为股东是企业治理的一元主体。随着现代企业理论的发展，尤其受利益相关者理论的影响，经济学者越来越倾向于治理主体多元化，即共同治理。由于利益相关者的利益与企业息息相关，对企业生存与发展都会产生不同程度的影响，企业必须体现他们的利益。因此，企业治理主体不能仅仅局限于股东，还应该包括债权人、雇员、顾客、供应商、政府、社区等在内的广大利益相关者。此外，也有部分学者提出企业治理主体的国家和企业二元主体等观点（冯根福，2002）。

衣龙新（2004）认为，企业治埋主体首先是多元的，否则很难协调各方关系，取得理想的治理效果。但应当强调股东作为治理主体的优先地位，毕竟从企业发起设立到承担主要经营风险以及有效监督等方面，股东都具有无可替代的独特地位，应该强调其主体地位的优先性。此外，企业治理主体范围应该是有限的：一方面，并不是所有利益相关者都有能力参与企业治理，成为事实治理主体；另一方面，盲目强调企业治理主体多元性会带来更高的协调成本，降低决策效率。总之，企业治理主体是由具有一定资格和能力参与治理活动的企业利益相关者组成的多元群体，股东是这一群体的核心，主要包括经营者、债权人、公司员工和政府等。我们对此持基本肯定的态度，认为企业治理主体是以股东为中心的利益相关者。

二、财务治理主体

（一）理论界对财务治理主体的研究

关于财务治理主体的内涵及定位，我国财务理论界进行了一些有益的探索，形成了一些有代表性的观点。汤谷良（1997）提出了“财务分层理论”，指出企业财务权利主体是出资者、经营者和财务经理三个层次，分别享有企业法人财产权等权利。杨淑娥（2002）将财务治理利益主体分为两类：第一类是依赖企业内部财务治理保障其利益的主体；第二类是依赖企业外部财务治理保障其利益的主体。在美国模式的企业治理中，第一类主体主要包括行使控制权的大股东和董事会及经理层，德国模式主要包括行使控制权的大股东和监事会及董事会，日本模式主要包括社长或由社长、专务董事及常务董事组成的经营常务会。在企业财务治理中，第二类利益主体主要包括中小股东（主要是公众投资者）、政府、债权人和其他利益相关者。张敦力（2002）认为，财务治理的主体，即谁参加财务治理。现代企业治理结构理论认为企业治理的主体就是“利益相关者”，财务治理处于企业治理的核心地位，其主体是代表企业利益相关者、具有财务专业知识人员所组成的集团，如股东等出资者的财务总监、代表经营者的财务经理及财务人员、债权人或其委托的专业人员、职工代表等。林钟高（2003）认为，财务治理行为主体是指拥有特定财权并参与财务治理的自然人与法人，包括直接行为主体（拥有一定财权并直接参与治理的自然人）和间接行为主体（拥有一定财权的法人或政府机关，通过委托自然人参与治理），确定财务治理行为主体的核心问题是考虑参与财务治理的行为主体是否有能力和动力来行使其权力。一般来说，股东会、董事会、监事会和经理层之间的分层财务决策机制构成了企业财务治理结构的主要内容，它们各司其职，互相制衡。衣龙新（2004）认为，财务治理主体是有能力、有资格、有意愿参与企业财务活动，并在企业治理中占有一定地位的内部权力机构、个体与法人。主要包括股东会、董事会、监事会、经理层和债权人。在规范的治理结构中，政府等企业外部利益相关者对企业财务直接影响并不大，其主体资格很难得到体现，并且企业员工乃至财务人员直接参与财务活动的机会很少，即使有资格在重大治理问题方面有一定影响，也大多通过董事会、监事会、职代会等机构中的代理人行使权利。财务治理主体与财务主体、企业治理结构主体有着深刻的联系和区别：首先，财务治理主体一定是财务主体。没有独立的财务利益并能承担一定经济责任，财务治理主体将没有资格参与治理活动。其次，并不是所有的财务主体都是财务治理主体。许多财务主体利益可以体现在一般财务活动中，并不一定有资格有能力参与治理活动。再次，财务治理主体一般为企业治理结构主体。在治理框架下，财务治理结构作为企业治理结构的核心，其主体必然是企业治理主体。最后，企业治理主体成为财务治理主体要受到一定限制，所处地位也不同。

汤谷良的观点与林钟高的观点基本一致。杨淑娥将财务治理主体分为两类，对认识不同治理主体在企业财务治理中的地位和作用有重要的借鉴意义。但是将政府和其他一些利益相关者纳入财务治理主体，过于扩大了外部财务治理主体的范围，企业独立经营、自负盈亏的性质决定了政府不能享有企业的财权。张敦力将财务治理主体等同于利益相关者，使财务治理的主体过于宽泛。若以此理论为指导开展财务治理工作，将使财务治理工作重点突不出，过多的外部人干涉也易引起财务治理的混乱，出现相互推诿、无人负责的局面；同时，将财务人员等企业内部职员上升为财务治理主体在一定程度上混淆了财务治理与财务管理的界限。林钟高强调股东会、董事会、经理层和监事会之间的分层财务决策机制构成了企业财务治理的主要内容，实际上也就指出了企业治理的主体是股东会、董事会、经理层和监事会，这是有重要指导意义的，但对外部债权人的相机治理重视不够。

（二）对财务治理主体的再认识

财务治理主体的确立应符合以下几点要求：第一，企业财务治理主体应当是明确的、清晰的，这样才有利于开展企业财务治理工作。否则，将所有利益相关者都引入到企业财务治理主体中，会引起财务治理工作的混乱。第二，由于企业所有权的状态依存性，企业财务治理主体的确定与企业所处的状态有很强的相关性。在企业不能偿付债务时，债权人及其所组成的债权人会议的地位比企业正常经营时更为突出。第三，由于财务治理与企业治理之间的内在紧密联系，财务治理主体的确立应与企业治理主体具有内在一致性，绝不可能是两类治理主体在一个企业治理框架中同时存在。

至此，我们认为，财务治理主体应该是有能力、有资格、有意愿参与企业财务活动，并在企业治理中占有一定地位的内外部权力机构、法人和自然人，主要包括股东（大）会、董事会、监事会、经理层和债权人。在规范的治理结构中，政府等企业外部利益相关者对企业财务直接影响并不大，其主体资格很难得到体现，并且公司员工乃至财务人员直接参与财务活动的机会很少，即使有资格在重大治理问题方面有一定影响，也大多通过董事会、监事会、职代会等机构中的代理人间接行使权利。

第三节
财务治理客体

一、企业治理客体

对于企业治理客体的认识，经济学者们持有不同观点。李维安（2002）认为，企业治理客体就是指企业治理的对象。企业治理的对象有两重含义：一是董事会，对其的治理来自股东及其他利益相关者，目标在于企业的重大战略决策是否恰当；二是经理人员，对其的治理来自董事会，目标在于企业经营管理是否恰当。与企业治理主体发展一样，在企业演进过程中，企业治理客体也从如何保护股东利益，演变到通过各种制度安排、机制设计、机构设置，维护企业内部成员、外部成员的合法权益。于东智（2002）认为，企业治理客体一般是指治理主体施加影响的受力方，主要是指经理人员、董事与监事。衣龙新（2004）认为，企业治理客体应当是治理主体共同指向和作用的对象，应具有普遍意义。但局限于当前对企业治理问题研究的深度、广度，全面概括出企业治理客体是困难的。根据目前的认识水平，企业治理客体可以概括为企业的各种治理权利，对权利的配置贯穿于治理的始终，是治理主体为保证其自身利益而追逐的对象。

二、财务治理客体

财务理论界对财务治理客体研究的并不多，比较有代表性的观点如下：

张敦力（2002）认为，财务治理客体，也即财务治理的对象，取决于财务治理的属性。财务治理的核心在于明确出资人、董事会、经理人和企业财务人员在财权流动和分割中所处的地位和作用，而财权体现为剩余索取权和剩余控制权的对称分布，在各利益相关者之间合理分配剩余索取权和控制权已成为财务治理的现实内容。因此，如何在各利益相关者之间进行剩余索取权和控制权的合理分配是财务治理的客体，具体表现为筹资、投资、资本运营、收益及其分配等财务活动及其所形成的各种财务关系。

衣龙新（2004）认为，财务治理的客体是主体共同指向的对象。依据本金理论，财务活动的客体可以归结为“本金”，它贯穿财务活动的始终，是财务主体共同作用的目标，财务主体都关注和追求本金的增值。财务治理活动作为财务活动的组成部分，其客体也应该是“本金”，只不过与作为财务管理对象的“本金”处于不同领域罢了。上述对财务治理客体的认识主要是基于财务活动角度，而从财务关系角度看，作为企业治理的核心部分，财务治理的客体又具体表现为本金运动所形成的特定“财务权利”关系（当然，这部分财务权利并不是一般意义上的财权，而是特指财务治理范畴内的财权），对财权的配置贯穿治理活动的始终。因此，财务治理客体就相应具有了两种表现形式：治理框架下具体体现为“财权”，财务范畴之内总体体现为“本金”。

我们认为，财务治理的客体是（财）权，即特指财务治理范畴的财之权，因为财务治理主要就是对财权进行配置。

第四节 财务治理中心

在企业治理结构中，治理的主体通常是股东会、董事会和经理层。按照企业治理主体在企业治理中的地位和作用，企业治理结构经历了由经理层中心主义到股东大会中心主义再到董事会中心主义三个发展阶段。目前这种以董事会为中心的第三代企业治理结构仍占据主导地位（李连华，2002）。根据上文对财务治理结构与企业治理结构关系的分析，企业财务治理中心与企业治理中心应是同一个而不是两个，即以董事会为中心。

根据代理理论，代理关系存在于一切组织、一切合作性活动中，存在于企业内部的每一个管理层次中。代理关系产生的经济基础是企业股东向经营者授予经营管理权可降低企业的经营成本，因为由众多的股东直接参与企业决策、经营管理、生产控制的成本是惊人的。但是代理关系的确立又必然产生代理成本。这种代理成本不仅最终由股东承担，而且它的存在会影响企业经营效率，甚至可能威胁企业的生存。在现代企业制度下，法人治理结构的一个重要的特点是董事会对经营者（CEO）财务约束和控制的强化。因此，企业财务控制的主体首先是企业董事会。

从另一方面来看，随着企业股权的分散，股东的个人利益与企业利益也有较大程度的分离，致使股东大会权限弱化，董事会中心主义加强。事实上，股东权力缩小或者形式化，董事会权力扩大乃是世界性趋势。股东权力的缩小和股东大会的形式化或“空壳化”是同一个问题的两个不同侧面。中国的情况也是如此，国有企业的股东是不明确的，存在“所有者缺位”现象。从实践上看，近年来我国上市企业独立董事制度、审计委员会制度的建设正是基于董事会中心主义来考虑的。据此，我们很容易得出这样的结论：企业财务治理结构应以董事会为中心来构建。

第五节 财务治理模式

企业财务治理模式及相应的制度安排在不同的国家、不同的历史时期是不一样的。这是因为微观企业制度的形成和演变要受到各个国家不同的经济体制、历史传统、市场环境、法律观念、文化条件等方面的影响。概括地说，按投资者行使财权的方式不同，可以分为外部控制主导型企业财务治理结构和内部控制主导型财务治理结构两种。

外部控制主导型企业财务治理结构又称为市场导向型企业财务治理结构，是指外部市场在企业财务治理中起着主要作用。这种结构模式以资本市场高度发达、股权结构高度分散、股权自由流动为基础。美、英等国是该模式的典型代表。如在美国最大400家企业中，上市企业占到99%。其存在的具体外部环境是：非常发达的金融市场、股份所有权广泛分散的开放型企业、活跃的企业控制权市场。内部控制主导型企业财务治理结构又称为网络导向型企业财务治理结构，是指股东（法人股东）、银行（一般也是股东）和内部经理人员的流动在企业治理中起着主要作用。这种治理结构以后起的工业化国家为代表，如日本、德国（一般指前联邦德国）和其他欧洲大陆国家。这些国家一般都经历过一个相对人为的资本主义急速发展时期，受政府、工会、管理机构或银行的影响较深，资本流通性较弱，证券市场相对不十分活跃。如在德国和日本，大的银行机构在融资和监督企业方面起着非常重要的作用（高明华，2001）。

通过对上述两种财务治理模式的分析，可以得出对构建我国企业财务治理模式的三点重要启示：（1）融资结构，或称所有权（或股权）结构是企业财务治理模式选择的最重要、最直接的基础。融资结构对财务治理模式选择的影响是决定性的，有什么样的融资结构，就会有什么样的企业财务治理模式。（2）市场特别是资本市场的发育程度也会对财务治理模式的选择产生重要影响。在不同融资结构基础上产生的企业财务治理模式，其治理机制要依靠外部市场特别是资本市场的作用。（3）任何企业财务治理模式都要考虑制衡机制的建设。企业财务治理结构中的制衡机制主要包括激励约束机制和监督机制两个方面。在不同的企业财务治理模式中，激励约束机制和监督机制发挥作用的方式也是不同的。

在我国对原国有企业进行公司化的股份制改造过程中，国家对股份制企业的股权按所有者的身份不同进行了划分，分为国家股、法人股和社会公众股。这其中又有流通股（A 股、B 股、H 股）和非流通股（国家股、法人股、内部职工股、转配股）之分。上市流通股票仅限于公众股，国家股和法人股则不允许上市流通，虽然可以协议转让，但转让的对象和条件都有严格的规定，并且最终必须得到政府机构审批。对于流通股来说，由于持股主体大都是小股东，其对企业控制权市场作用的影响是很微弱的；而且许多企业在召开股东大会时又有最小持股数量的限制，因而这些小股东也难以在股东大会上直接行使自己的控制权。从上述分析可以看出，我国上市企业的股权结构在特征上与日本、德国的企业股权结构特征比较相似。同时，中国资本市场仍处于一个不发达、不规范的历史阶段，从1990年开放股市至今也不过将近20年发展期。外部控制主导型的企业财务治理结构偏离了中国当前的现实，因此目前应选择内部控制主导型的企业财务治理模式。当然，财务治理模式不是一成不变的，随着我国资本市场的不断完善和现代企业制度的真正建立，财务治理模式也将发生相应的变化。

第六节 财务治理目标

考察财务治理的对象，不难发现财务治理的目标与企业治理的目标有着密切的联系，因此，在研究财务治理目标之前，有必要先研究一下企业治理目标。

一、企业治理目标

对于企业治理目标，郑红亮（1998）指出，企业治理的目标有两个方面：一方面，要给经营者以充分的自由去管理好企业，股东不能对其作过多的干预；另一方面，要保证经营者以股东的利益为准绳运用这些自由去管理企业，即企业经营者能够得到有效的监督和约束。企业治理的目的不是相互制衡，至少最终目的不是制衡，而是保证企业科学决策的方式和途径（李维安、武立东，2002）。

郑红亮从企业股东与经营者之间的委托代理关系出发，得出的治理目标把握住了治理问题的主要方面，但未考虑企业其他利益相关者的权益保护，显出一定的局限性。李维安“科学决策”的观点很有借鉴意义，认为企业治理的目标不仅是股东利益的最大化，而且要保证企业决策的科学性，从而保证企业的利益相关者的利益最大化。

二、财务治理目标

财务治理目标与财务目标、企业治理目标之间存在着紧密的内在联系，只有深刻把握财务目标和企业治理目标，才能得出科学合理的财务治理目标。财务治理的目标在财务范畴、企业治理框架下，分别服从财务总体目标和企业治理一般目标，只是具体表现方式有所不同罢了，体现出财务治理目标一定的灵活性和包容性。姚晓民、何存花（2003）认为，企业财务治理的目标是实现企业内部和外部利益相关者的信息对称和利益制衡。李秉祥（2003）指出，考察财务治理的对象，不难发现财务治理的目标是协调利益相关者之间的权、责、利关系，合理分配剩余索取权和控制权，以促使利益相关者利益最大化，为顺利实现企业目标提供基础。衣龙新（2004）认为，财务治理目标是形成科学合理的财务治理体制、制度和行为规范。这些治理体制、制度和行为规范是对财务治理主体的直接约束，是财务治理体系要取得的最终运作成果，也是财务决策科学及本金增值的根本保证。

综观以上分析，我们认为财务治理的目标是协调利益相关者之间的权、责、利关系，合理分配财权，尤其是剩余财权（剩余财务控制权与剩余财务索取权），以促使企业价值最大化和企业决策科学化，为顺利实现企业目标奠定坚实的基础。

本章参考文献：

1. 张维迎：《企业理论与中国企业改革》，北京大学出版社1999年版。

2. 杨淑娥、金帆："关于公司财务治理问题的思考"，《会计研究》，2002年第12期。

3. 张敦力："试论公司治理中的财务治理"，《中国会计教授会年会论文集》，西南财经大学出版社2002年版。

4. 冯根福："现代公司治理结构新分析"，《中国工业经济》，2002年第11期。

5. 汤谷良："经营者财务论"，《会计研究》，1997年第5期。

6. 于东智：《转轨经济中的上市公司治理》，中国人民大学出版社2002年版。

7. 李连华："股权配置中心论：完善公司治理结构的新思路"，《会计研究》，2002年第10期。

8. 吴冬梅：《公司治理结构运行与模式》，经济管理出版社2001年版。

9. 郑红亮："公司治理理论与中国国有企业改革"，《经济研究》，1998年第10期。

10. 姚晓民、何存花："公司财务治理效率：利益相关者的信息对称和利益制衡"，《财贸经济》，2003年第4期。

11. 李秉祥、曹艳玲："论公司治理结构中的财务治理"，《西部财会》，2003年第2期。

第八章

财务治理结构中的财权配置研究

第一节 财务治理结构的核心：财权配置

前文我们已经对财权本身的结构进行了分析，在此主要研究财权配置的核心地位。企业财务治理结构的主要功能是配置权、责、利。在这三个要素中，财权的配置是前提，企业财务治理结构建立的基础是企业财权的配置。在企业的权利结构中，财权是一种最基本、最主要的权利，因为企业的各种经营活动最终都会通过资金和资产的相互交换或转变加以完成并在财权上有所体现。因此，以财权配置为核心建立企业财务治理结构，可以说是抓住了企业财务治理中的“纲”。我们姑且称这种治理思想为“财权配置中心论”。这种治理思想有如下优点：(1) 可以加强控制的广泛性和渗透性。在企业的经营活动中，财权的涉及面最为广泛，大到重要投资、小到日常收支都受其影响。因此，以财权配置为中心构建企业财务治理结构，可以提高企业财务治理中的控制力和控制范围，减少失控区域。(2) 可以有效地防止代理人的败德行为的发生。代理人败德行为的主要目的是谋取私人利益，这种利益集中体现在财务利益上。而以财权配置为中心建立企业财务治理结构，可以通过财权的恰当配置和约束机制的设立，堵塞资金漏洞，防止利益流失，从而有效抑制代理人的机会主义行为(李连华，2002)。(3) 反映了企业财务治理结构的本质。企业财务治理结构的实质是有关企业财权安排和利益分配问题，这种财权安排和利益分配是企业财务绩效最重要的决定因素之一。总体上看，企业财务治理结构是一个有关财权的合约安排，财权配置在财务治理结构中居于核心地位。

第二节 财务治理主体的财权配置研究

财务治理结构是通过对财务治理主体的财权合理配置形成的一种财务控制体系。财权配置的主要任务是要把各种财权恰当地分配到有关财务治理主体上去。参与财权配置的主体，因企业组织结构不同而不尽相同。在英、美单层董事会制下，财权配置主体以股东会、董事会、经理层为主；而在德、日双层董事会制下，财权配置主体则以股东会、董事会、监事会、经理层和债权人为主。本书下述财权配置结构是以双层董事会制设计的，因为我国的企业组织结构类似于这种体制。因此，财务治理结构的建立就是围绕着股东大会、董事会、经理层、监事会和债权人的财权配置而进行的。从这个意义上讲，企业财务治理结构是规范股东会、董事会、经理层、监事会和债权人财权边界及相互关系的一组制衡制度安排。

一、股东大会的财权配置

（一）股东大会的职能分析

股东大会是企业财务治理结构的一个有机组成部分并且掌握着对企业的最终控制权，所以必须了解股东大会的基本功能及其运作机制。

股东大会是由企业全体股东组成的、决定企业经营管理重大事项的最高权力机构。股份有限公司是由全体股东出资而组成的，企业财产的所有权属于全体股东，因此，企业的最高权力属于全体股东。由于企业是独立的法人，股东要表达自己的意志、行使自己的权利，必须通过合法的机构来实现。股东大会就是股东实现自己意志、行使自己权利的机构。企业的一切重大事项如企业章程的变更、董事的任免、企业的解散与合并等，都必须由股东大会作出决议。有关企业经营的重大方案如投资计划、财务预决算、利润分配等都必须由股东大会审议批准。

我国《公司法》规定，股东大会主要行使以下几方面的职权：决定企业的经营方针和投资计划；选举和更换董事，决定有关董事的报酬事项；选举和更换由股东代表出任的监事，决定有关监事的报酬事项；审议批准董事会的报告；审议批准监事会的报告；审议批准企业的年度财务预算方案、决算方案；审议批准企业的利润分配方案和弥补亏损方案；对企业增加或者减少注册资本作出决议；对企业发行债券作出决议；对企业合并、分立、解散和清算等事项作出决议；修改企业章程。

（二）股东大会的形式与财务治理

股东大会分为年度大会和临时股东大会两类。年度股东大会对于保护广大中小股东利益、发挥股东大会治理功能至关重要。年度股东大会对重点事项的审议和决策，在财务治理方面主要集中在财务收益分配权和财务特别决策权行使方面，也包括企业财务决策权及财务监控权的授权与约束等方面，因此其治理功能是尤为重要的；临时股东大会在财务治理方面一般涉及财务特别决策权行使的情况较多，这对于加强股东大会财务决策功能也非常重要。

（三）股东大会的财权结构

股东大会拥有的财权主要有：（1）财务收益分配权。这是股东大会所特有的一项财权，是不能拿出来进行分配和共享的。（2）财务决策权。包括重大投资权、重大融资权、财务预决算审批权、利润分配与亏损弥补批准权、注册资本变更处理权、重大资产处置权等，这些权力只能由股东大会行使，不能委托给董事会。（3）财务监督权。主要是对董事会的财务监督权。

二、董事会的财权配置

（一）董事会的职能分析

企业财务治理结构经历了经营者为中心→股东会为中心→董

事会为中心三个阶段。在现代企业中，随着企业股权的分散，股东个人利益与企业利益有较大程度的分离，致使股东大会权限弱化，董事会中心主义加强。目前的企业大都致力于构建以董事会为中心的财务治理结构和治理机制。董事会是企业治理结构中的核心领导层和最高决策者，是企业的法人机关或称法人代表。就性质上说，一般的股东是以个人（单个出资者）的名义行使权利和履行义务的，他所代表的是出资者所有权；而董事却是以法人的名义进行活动的，由董事组成的董事会是企业法人财产权的主体，董事及董事会代表的是企业法人财产权，具体来说，董事和董事会行使的是对企业法人财产的占有权、使用权、收益权和处置权。

董事会是企业法人的经营决策和执行业务的常设机构，经股东大会授权，能够对企业的投资方向及其他重大问题作出战略决策，董事会对股东大会负责。

董事会在性质上不同于股东大会，股东大会是企业的最高权力机构，而董事会是企业的最高决策机构和股东大会的执行机构。董事会接受股东大会的委托，负责企业法人的战略和资产经营，并在必要时撤换不称职的经理人员。

董事会作为行使法人财产权力的机关，其主要职责是对企业经营进行战略决策并对经理人员进行有效的监督，从这个意义上说，董事会是企业治理结构的中心环节。事实上，各国的公司法均确立了董事会在企业治理结构中的核心地位。

通过上述分析我们可以将董事会的主要职能概括为两点：决策和监督。

根据我国《公司法》的规定，董事会主要行使如下职权：负责召集股东大会，并向股东大会报告工作；执行股东大会的决议；决定企业的经营计划和投资方案；制订企业的年度财务预算方案、决算方案；制订企业的利润分配方案和弥补亏损方案；制订企业增加或者减少注册资本的方案以及发行企业债券的方案；拟订企业合并、分立、解散的方案；决定企业内部管理机构的设置；聘任或者解聘企业经理，根据经理的提名，聘任或者解聘企业副经理、财务负责人，决定其报酬事项；制定企业的基本管理制度。

（二）董事会的基本组织模式及其财务治理效应

从董事会的基本组织模式看，各国存在较大差别，主要分为：单层制董事会和双层制董事会。不同的董事会组织模式对企业财权在董事会层次的配置方式影响很大，产生的财务治理效应也不尽相同。

1. 单层制董事会

单层制的董事会由执行董事和独立董事组成。这种董事会模式是股东导向型的，美国、英国、加拿大、澳大利亚和其他普通法国家一般都采用这种模式。单层制董事会将企业财权主要集中在董事会，通过下属执行委员会、审计委员会等专业委员会行使企业财务决策权、财务监控权等权利，这将有利于加强董事会财务控制能力，提高企业财务决策效率。由于单层制董事会主要对股东负责，将企业财务决策权、财务监控权等权能集中行使，并未充分考虑债权人、企业员工等利益相关者财务权利的制衡作用，容易形成“内部人”控制现象，一定程度上影响了其财务治理效率。按照上述分析，美国上市公司近年来频频爆发的财务丑闻可能与这一制度缺陷有较强的相关性。按照我国著名会计学家葛家澍教授（2003）的观点，美国上市企业频频爆发财务丑闻的深层次原因在于美国的经济制度和企业制度。财务丑闻，归根到底是经济衰退、企业治理存在缺陷、会计审计不够健全等社会经济制度的反映。

2. 双层制董事会

在这种模式下，一般来说由一个地位较高的监督董事会监管一个代表利益相关者的管理董事会。监督董事会（Supervisory Board，也可简称为监事会）全部由非执行董事组成，它所承担的是董事会的第二大职能即评价与监督职能，而管理董事会（Management Board，也可简称为理事会）全部由执行董事组成，它所承担的是董事会的第一大职能即经营决策职能。很明显，在这里，对执行人员的监督是外部化的，即独立于管理董事会，同时，监督又是专职化的，这是监督董事会的主要职能。这种董事会模式是外部导向型的。德国企业董事会是这一模式的典范，其他还有许多欧共体国家也是采取这种董事会结构模式。日本企业董事会结构与这一模式比较相似。双层制董事会将企业主要财务权利集中在地位较高的监督董事会，在保留财务监控权的基础上，将企业财务决策权授予管理董事会，在董事会内部形成了有效的财权制衡关系。这一模式强调了财务监控的重要性，这将有利于减少“内部人控制”现象和部分代理成本，但对提高财务决策效率并不十分有益。这可能也是德、日上市企业较少发生财务舞弊现象的重要制度基础。

（三）董事会的结构及其财务治理效应

董事会的内部结构可以从两层意义上来进行考察：第一，执行董事与非执行董事（或外部董事）在董事会中的构成情况；第二，董事会的内部职能分工结构（孙永祥，2002）。

1. 执行董事与非执行董事的比例构成及其财务治理效应

执行董事与非执行董事的不同比例构成代表了企业董事会治理的不同价值取向，直接关系到财务治理效率的高低，各有利弊。保持董事会中执行董事与非执行董事之合理比例，是董事会履行其职能的需要，同时，它更是权力制衡的需要，防止董事会被执行人员控制和操纵。一般认为，非执行董事在董事会中所占比例逐步扩大，可以加大财务监控、制衡力度，能够有效减少因企业"内部人控制"等现象造成的对中小股东等权益主体的侵害。并且，非执行董事对优化董事会知识结构具有重要意义。部分领域的专家、实业家等精英人才的引入，可以明显改善董事会团队的知识结构，提高董事会财务决策的科学性和公司绩效。

但是应当注意，由于非独立董事属于企业"外部人"，在"信息不对称"等客观条件约束下，董事会在非执行董事占多数情况下所作出的财务决策并不能保证合理性，尤其是非执行董事投入到企业事务中的时间、精力有限，董事会的财务治理效率就会进一步被削弱。可以认为，董事会的比例构成就是寻求一种均衡，在加强制衡的同时必然要面临效率降低的风险，比例适度才能得到理想的财务治理效果。

2. 董事会的职能分工结构及其财务治理效应

职能分工结构主要是基于董事会内部职能分工角度，在董事会内部划分出几个具体专业委员会而形成的组织结构。从治理角度来看，专业委员会所起到的财务决策、制衡及监督作用非常重要，尤其在"一元"单层制董事会组织模式的英美国家，这种精细化的职能分工结构的治理作用显得尤为关键。

董事会内部专业委员会一般常设执行委员会、审计委员会、报酬委员会和提名委员会等，这些专业委员会对企业财务决策权、财务监控权及财务执行权进行具体的配置，并专门负责某一治理方面，这对加强董事会财务决策、监督能力，提高董事会财务治理效率具有非常重要的意义。其中，执行委员会和审计委员会对企业财务治理来说非常重要，前者享有主要财务决策权，后者享有财务监控权，而同时报酬委员会还享有部分财务收益分配的拟订权。执行委员会的决策效率直接决定了企业财务治理的效率，审计委员会财务监控的有效性直接决定企业财务监控权配置效率的发挥。

（四）董事会的财权结构

董事会拥有的财权主要有：（1）财务决策权。包括投资决策权、中型融资权、财务信息披露权。（2）财务监督权。包括对经理人员的评价与监督。（3）财务执行权。包括执行股东会有关决议、制订投资方案、制订财务预决算方案、制订利润分配或亏损弥补方案、制订融资方案等。

三、监事会的财权配置

（一）监事会的职能分析

在企业治理结构中设立一个专司监督的机构是权力制衡的需要。监事会就是这样一个典型的专司监督职能的机构。监事会是对董事会和经理行使监督职能的机构。保持监事会的独立性是监事会有效运行的关键或者根本保障。监事会、股东大会和董事会在性质上是完全不同的企业机构。股东大会代表全体出资者行使出资者所有权，是出资者所有权主体；董事会是法人机构，代表法人行使法人财产权，是法人财产权主体；而监事会代表全体出资者对董事和经理进行监督，从性质上说，它是出资者监督权主体。

监事会的权力来源于股东大会，监事会的出资者监督权是由出资者所有权决定的，是出资者所有权的延伸。作为出资者监督权主体，监事会的主要职责就是对企业经营管理行使监督职责。从内容上看，监事会的监督职能包括两个方面：一方面是对董事会、经理的行为进行监督，这也可以称为一般监督；另一方面是会计监督，即对企业财务会计的专业监督，这也可称之为专业监督。这样，一般监督与专业监督就构成了董事会对企业经营管理进行监督的双重职能。

按照我国《公司法》的规定，监事会行使以下职权：检查企业的财务；对董事、经理执行职务时违反法律、法规或者企业章程的行为进行监督；董事、经理的行为损害企业的利益时，要求董事、经理予以纠正；提议召开临时股东大会；企业章程规定的其他职权。

（二）监事会的财权结构

监事会职能的单一性决定了在财务治理结构中，监事会财权配置比较独特和单一。监事会拥有的财权主要是财务监督权，主要包括：对董事会和经理层的监督；对企业财务会计的监督。

四、经理层的财权配置

（一）经理层的性质与职能

在企业治理结构这一主题下，经理是企业业务的执行者，是企业日常经营管理活动的组织者。董事会与经理之间是典型的委托代理关系，经理对董事会负责。经理层受聘于董事会，在董事会授权范围内拥有对企业事务的管理权和代理权，负责处理企业的日常经营事务。执行机构的负责人称为首席执行官，通常由总经理担任，有时也由董事长担任。在经理层的财务治理职能上，有一点必须明确，经理如何对企业进行具体的财务管理则属于财务管理理论研究的范畴，不属于企业财务治理结构研究的范围。

按照我国《公司法》的规定，经理行使下列几方面的职权：主持企业的生产经营管理工作，组织实施董事会决议；组织实施企业年度经营计划和投资方案；拟订企业内部管理机构设置方案；拟订企业的基本管理制度；制定企业的具体规章；提请聘任或解聘企业副经理、财务负责人；聘任或者解除应由董事会聘任或者解聘以外的管理负责人员；企业章程中董事会授予的其他职权。

（二）经理层的财权结构

从总体上看，经理层拥有的财权主要体现在财务执行权上。具体来讲主要是：（1）财务决策权。包括小额日常性投资权、小额流动资金融资权、日常资产交易处理权等。（2）财务执行权。包括组织实施董事会有关决议、组织实施投资方案、融资方案、利润分配等方案。（3）财务监督权。包括经理层对下属部门经理监督权。

经过上述权力分配后，企业财务治理结构中的每一层级都拥有三种权力：财务执行权、财务决策权和财务监督权，这三种财权我们又可以称之为“财务治理权”，显然财务治理权属于财权范畴，它是财权范畴中的有关财权制衡的部分。同时，我们发现，财务治理结构建立的核心是财权配置；财权配置的重心在于决策权的配置；财务治理结构框架的中心在于董事会。

五、债权人的财权配置

(一) 债权人财权配置现状分析

企业财务治理权包括财务决策权、财务执行权和财务监督权，其配置是财务治理结构的核心内容。财务治理结构又是企业法人治理结构的重要组成部分。制度经济学将经济分析的视野和领域引入到一个“制度层面”来透视制度因素对经济运行和经济效率的作用和影响。企业制度包括法人治理结构，其中的财务治理结构对公司财务运作效率的影响程度远远超出了财务技术方法。在企业财务治理权的配置过程中，应充分考虑相关主体的利益，这在理论上已基本达成共识，但在实践中，债权人这一重要的利益主体在财务治理权配置中的地位却常常被忽视。

从企业的产权制度来看，产权制度作为企业财务治理权的基础，过分强调企业财务治理权中股东和经营者的利益，而忽视了债权人利益。从企业产权制度的演变过程来看，不管是业主制企业（所有者、经营者和劳动者合一）、合伙制企业（所有者与经营者合一），还是公司制企业（所有者与经营者分离），其财务治理权一般都属于所有者和经营者。在业主制企业中，企业主独资并亲自经营企业，企业规模较小，财务资本的所有权和经营权都归企业主，企业财务治理权自然也归业主。在合伙制企业中，企业的产权主体虽然不再单一，但由于所有者人数较少，因此，企业财务治理权仍归所有者所有。在公司制企业中，投资主体多元化，所有权与经营权分离，经营者掌握着更多的财务信息，因此，企业财务治理权归财务资本所有者与经营者两个主体所有。

忽视债权人在企业财务治理权配置中的地位，会使债权人的利益受损。在我国，企业的债务主要来源于银行等金融机构的贷款，不重视债权人的利益就会导致企业高额贷款无法偿还，使国有商业银行的不良资产增多，而债权人利益受损后，反过来又会影响企业筹资，影响企业资本结构，最终影响其他相关者的利益。

（二）加强债权人财权配置地位的必要性

1. 理论分析

(1) 从现代企业理论来看，其中的一个核心观点是：企业是一系列（不完全）契约（合同）的有机组合，是人们之间交易产权的一种方式（张维迎，1999）。现代企业理论有两个主要分支：交易成本理论和代理理论。其中，代理理论侧重于分析企业内部组织结构及企业成员之间的代理关系。在经济学中，常常强调委托代理关系的这样一个特征，即委托人与代理人之间存在着信息不对称。掌握信息多（或具有相对信息优势）的一方称之为代理人，掌握信息少（或处于信息劣势）的一方称之为委托人。债权人将资金借给企业后，即与企业经营者形成了委托代理关系。作为委托人的债权人为保证其资金的安全性和获利性，有权监督企业经营者对资金的使用，最好的办法可能就是参与企业财务治理。

(2) 从企业财务的性质来看，经济学作为财务学的理论基础和分析工具，其发展决定着财务学理论的发展。“在以科斯为代表的新制度经济学产生以前，经济学家对稀缺资源和经济效率的关注和研究主要集中在价格与价值、供给与需求等经济‘运行层面’或‘技术层面’等问题领域，制度经济学将经济分析的视野和领域引入到一个更深的‘制度层面’……影响公司财务运作效率的关键性因素是公司财务治理权的配置结构。”（李心合，2001）企业财务运作效率是影响企业经济效益的重要因素，合理的财务治理结构有助于提高企业财务运作效率，进而提高企业经济效益。在重视股东、经营者等利益相关者的同时，重视债权人的地位，有助于构筑合理的企业财务治理结构。

（3）从合理的资本结构来看，财务界关于“资本结构”的解释虽然不尽相同，但从资本的所有权角度出发，普遍认为资本包括自有资本和借入资本两部分。相对于股权资本而言，债权资本具有利息支出抵税效应、较低资本成本和适度财务杠杆收益等积极作用，因此，企业适度负债有助于形成合理的资本结构。重视债权人在企业财务治理权配置中的地位，不仅有利于企业合理运用借入资金，而且有利于企业保持合理的资本结构。

2. 现实分析

（1）加强债权人财权配置地位有利于保护中小股东的利益。中小股东由于势单力薄，加之“搭便车”思想的存在，往往很难与大股东抗衡，常常采用“用脚投票”的方式来表达对企业的态度。尤其是在国有控股公司，国有股的“一股独大”，更让中小股东望尘莫及。大股东在享有公司重大决策权的同时，并不承担公司经营的全部风险，他们利用财务杠杆的作用增加了自己的财富，而把剩余风险留给全体债权人。如果债权人能参与企业财务治理，就可以有效地监督股东（尤其是大股东）的行为，从而在保护大股东利益的同时，也保护了中小股东的利益。

（2）加强债权人财权配置地位有利于抑制“内部人控制”。在股权分散的企业中，由于存在委托代理关系和信息不对称，导致企业的重大决策权实际上掌握在经营者手中，形成了“内部人控制”的局面。债权人作为企业的出资者，如果参与企业财务治理，就可以有效地监督经营者行为，抑制“内部人控制”，从而保护广大股东的利益。

(3) 加强债权人财权配置地位有利于形成银企之间的互动关系。我国企业的债权人主要是国有商业银行。银行将资金投入企业后，如果不能行使有效的监督权利，易使企业在使用债务资金时不考虑或较少考虑银行的利益，从而产生银行不良债权问题，打击银行对企业注入资金的积极性。反之，在企业财务治理权配置中若有银行等债权人的一席之地，则可以有效地发挥它们的监督职能。这样，不但能激发它们的投资热情，而且可以促使企业债务资金得到有效利用，最终形成良性、互动的银企关系。

(三) 加强债权人财权配置地位的构想

1. 债权人财权配置的国际概况

银行作为企业的主要债权人，其与企业的关系在一定程度上反映了债权人参与企业财务治理的情况。

美国银企关系的制度主要是市场性的，银行参与企业治理的方式大多数是进行企业收购，如雪佛龙石油公司以 133 亿美元收购海湾石油公司，美国钢铁公司收购马拉松石油公司等。但近二三十年来，美国的银行已朝着“银团”方向发展，当企业发生财务危机时，银团即对企业实施控制，直到其财务恢复正常或签订新的贷款协议。另外，美国银行和企业还互派董事，但银行派往企业的董事一般不干预企业的日常经营和财务决策。

日本银企关系的制度是半市场、半企业性的，银行参与企业财务治理的方式是主办银行制度，简称主银行制。主银行既是企业的大股东，又是企业的第一大融资者。银行对企业的控制，主要是通过向企业派遣管理者，特别是高层财务人员的方式实现的。平时，主银行与企业之间的交易存在着一定的市场性，它们根据市场规则，就贷款和其他融资方式达成契约，但当企业出现财务危机时，主银行与企业的交易中存在着相当程度的非市场性，酷似企业内部管理的关系。

德国银企关系的制度主要是企业性的。这是因为它们之间存在着大量的直接产权关系，尤其是在大企业中，银行持股比例很高，是企业最大的股东。在德国，由于产权的实施成本很高，银行以外的许多投资者并不看重基于股票的投票权，而是委托银行代理行使，再加上银行的高信誉度，使得银行享有了更多的投票权，在企业财务治理中居于绝对的控制地位。

2. 强化我国债权人财权配置地位的构想

1996 年 7 月，中国人民银行发布了《主办银行管理暂行方法》，并在 300 家重点国有大中型企业和北京、天津等七个城市的国有大中型企业与国有商业银行中试行。这一办法虽有一定的作用，如结束了企业过去“多头开户”、“多头贷款”的局面，明确了主办行的权利，但在对银行贷款的使用及改善企业财务状况等方面，银行并无实质性的监督和控制措施。这种对于银行来说责任和风险大于权利的财务机制，不利于建立正常、合理的银企关系。因此，应采取措施，重塑银企关系。

第一，允许银行向企业投入股权资金。这样，银行就可以以股东的身份享有企业的部分控制权，并使债权控制与股权控制相互补充。

第二，在企业董事会设置兼职债权人董事。银企之间的人事结合可以股权关系为基础，也可以债权债务关系为基础。债权人董事一般不干预企业的经营与财务，但在监督企业财务决策、防范风险等方面有一定的作用。在我国债权人利益常被忽视的情况下，提高债权人在企业财务治理权配置中的地位具有重要意义。它不仅可以丰富“利益相关者财务控制理论”的内容，而且为银行不良债权问题的解决提供了一种新的思路。

第三节
财务治理权：集权与分权的经济学分析

现代企业财务治理的集权与分权及其优化问题在企业集团化的今天受到了广泛关注。本节在前面研究的基础上，着重探讨财务治理权的相关问题。我们从委托代理理论、知识经济与组织理论出发，通过分析知识在经济决策权配置中的价值与功能，区分一般知识和专门知识及其转换成本，着重探讨信息成本与代理成本在企业财务治理权配置中的比较及其综合权衡价值，由此构建财务治理集权与分权最佳模式的理论模型，进而指出企业财务治理权组合模式具有不确定性，以及信息技术对财务治理权组合模式具有重要影响。

一、财务治理权配置的代理理论解说

财务治理权是与企业财务治理结构密切相关的权力制衡观念，它是由财务决策权、财务控制权和财务监督权构成的。财务治理权及其构成是从各财务治理主体在企业治理结构层次上，就财权分割过程中所形成的一种权力制衡关系而言的，强调的是如何协调各利益相关者在财权分割过程中的利益冲突。

现代企业治理的产生是因为委托人与代理人具有不同的知识结构，需要在发挥其各自比较优势的同时，对因两权分离导致的利益冲突进行协调。无论是一般企业治理还是其中的财务治理，实际上要解决的是如何在委托人与代理人之间进行利益分配、决策权配置与风险控制等问题，进而解决决策代理人不承担决策的

财富效应的主要份额的问题。显然，财务治理权中的财务决策权与财务控制权配置，同样需要考虑其财富效应的不对称配置问题，而这是与现代企业治理中的剩余要求权与决策权的对应与配置相关的。

现代企业治理从决策角度看，实际上是剩余要求权、决策经营权与决策控制权相互之间的权衡选择与配置（Fama and Jensen，1983）。由于剩余风险承担与决策经营发生了分离，这就需要通过决策经营与决策控制的分离，来控制由此产生的代理问题，而决策经营与决策控制的分离则导致了科层决策与相互监督的需要，委托代理关系因此出现层级化趋势。在委托代理关系层级化的过程中，当由高层代理人来认可与监督低层代理人的决策提议并评价其表现时，便需要将具有决策价值的信息在组织内许多代理人之间进行传播，因此，有效率的决策权配置便需要分层进行。这样，通过将决策功能授予具有相关特定知识的各层次代理人，而非将决策经营与决策控制配置给剩余风险承担者，企业可获得很大的决策效益。

由于企业治理的核心是财务治理，公司法所规定的企业治理权配置的核心实际上是财权尤其是财务治理权的配置，因此，作为财务治理权核心的财务决策权配置，也需要考虑企业组织的层级化趋势。在现代企业里，财务决策权首先在剩余要求权享有者与董事会之间进行分割配置。通常，剩余要求权者一般保留对诸如董事会成员和审计师的选聘、决定重大财务事项的权力，而其他财务事项的决策经营与决策控制权则均由剩余要求权所有者授权给董事会行使，由董事会进行内部控制。然而，董事会的有限规模与不完备知识结构，决定了它不可能享有全部财务事项的决策权，一般是将多数财务事项的决策经营与决策控制权授给内部代理人行使，但仍保留对内部代理人的最终控制权，如认可与监督主要的政策提议以及聘用、解雇和制定对高层决策者的报酬激励等方面的权力。与此类似，内部代理人再通过将次级财务事项的决策权，逐层向下授予并保留相应的剩余控制权，财务决策权的配置就可以与决策代理人的知识结构与目标函数很好地结合起来。同时，虽然财务治理权因委托代理关系的层级化而有了分层治理与控制的需要与可能，但还需要作为其治理基础的财权具备可分性、可明晰性和独立性等方面的特征，从而使财权的分层次管理由可能性变为现实性。财权源于原始产权主体，随着产权的分离，财权的部分权能也随着原始产权主体与法人产权主体的分离而让渡和分离。同时，也只有让渡和分离的财权是责、权、利明晰的和相对独立的权能，才能通过让渡与分离进行集权或分权式治理，否则模糊的财权不具有激励与约束功能，也就谈不上治理与控制的需要与可能。

二、一般知识、专门知识与财务决策权配置

就财权配置功能而言，财务决策权无论是在财权结构还是在财务治理权结构中都是极其重要的。知识分类及其结构对财务治理权配置的影响，主要是通过对财务决策权的影响来实现的，因而财务决策权就成为财权配置乃至企业财务治理结构的核心。

（一）知识在经济决策中的价值与功能

合理的经济决策需要知识尤其是专门化的知识。在社会经济生活中，决策者面临的机会集合是其所拥有的决策专门知识的函数（Jensen and Meckling，1992）。当决策者所要解决的社会经济问题主要是迅速适应具体时间和地点上的环境变化时，最终的经济决策就必须由那些熟悉这些环境、直接了解有关变化和了解为

适应这些变化马上可以获得的资源的人来作出（Hayek，2003）。因此，获得“具体时间和地点上的环境变化”的知识对一个决策者作出有效率的决策就至关重要，并在一定程度上决定着其所作决策的成败；从组织理论角度看，组织的经济绩效往往主要取决于决策权配置和有关这种决策的相关重要知识之间是否有效匹配。

知识在决策中的运用是以信息传递的方式来进行的，而信息则是决策者所面临的各种不确定性的负反馈。知识传递到决策者大脑中越多，其含有的信息量对不确定性的过滤作用便越大，决策者作出的决策正确度也就越高。一个决策者所拥有的决策相关知识通常受到两个方面的制约（Hayek，2000），一是知识的技术可能性，即表明当前人类关于自然法则与规律的知识是有限的，在经济决策中，这种局限性表现为在某一特定时空上的知识是既定的，并依赖于社会当时的技术发展状况；二是个人的有限理性，即决策者个人对环境的计算能力和认知禀赋是有限的，这就意味着一个人不可能完全掌握进行各种决策所需要的各种专门知识，同时也意味着决策者个人储存、处理、传输和获得决策相关知识是一项成本较高的行动。可见，决策者个人的大脑容量是一种稀缺资源，同时也意味着任何单个决策者或决策者群体所拥有的知识结构，相对于人类知识存量而言，只不过是微不足道的子集。正因为人脑容量有限，从而知识的稀缺性决定了知识在决策中具有无可替代的价值，而现实经济生活中，拥有决策权威的人与拥有决策所需知识的人往往不能有效耦合，换言之，拥有决策权威的人不一定拥有决策所需要的专门知识，而具有决策专门知识的人却不一定拥有决策权威。因而，如何将这两者有效地结合起来便需要对知识的转换成本与决策权的转移成本进行比较、权衡与选择。

（二）知识转换成本和决策权转移成本及其权衡

根据决策知识在人们当中传递、转换的成本高低，可以将人类的知识划分为一般知识和专门知识，前者是指在人们当中传递成本较低、易于被掌握的知识，而后者则是指在人们当中转换成本较高、不易被接受者所吸收的知识（Jensen and Meckling, 1990）。决策知识的转换成本取决于知识本身的性质、组织环境、技术发展水平等因素。一般来讲，越是专门化的决策知识，其转换成本便越高，而越是一般性的知识，其转换成本就越低。当然，这里所讲的转换是指一种有效的转换，不仅仅是当事人对知识本身内含的信息的沟通与交流，而且意味着当事人能够按所接受的信息去行动和决策，因而转换涉及到大脑的储存和处理能力、输入和输出信息的能力。可见，知识的转换成本与大脑容量及其信息处理能力是反方向变化的。

当决策权威与可利用的相关决策知识相结合时，便能够有效地提高决策效率，减少决策失误。一般而言，有两条途径可以使决策专门知识和决策权之间发生有效结合，一是将决策专门知识转移给拥有决策权威的人；二是将决策权转移给具有相关专门知识的人。受决策者个人有限理性的制约，将知识转移给拥有决策权的人的成本通常要高于将决策权威转移给拥有知识的人的成本。在市场经济体制中，当拥有决策权威的人耗费资源以寻求知识，或者当拥有知识的人购买决策权威时，决策权将与决策知识发生耦合；而当转移知识的成本高于转移决策权的成本时，知识的拥有者便对决策权的评价较高，由其购买决策权在经济学上就是有效率的。然而，在组织内部，决策权是不可能通过市场交易自动转移给拥有决策专门知识的人的，这就需要通过有意识的制度安排，将决策权配置给具有决策所需专门知识的人。

（三）财务专门知识与财务决策权的配置

现代企业面临着越来越复杂的财务决策环境。经济全球化、资本虚拟化和交易电子化使得现代财务决策人员所需要的知识越来越专门化、广博化，成为一名合格企业财务决策人员所需要的培训时间也越来越长、培训成本也越来越高。财务专门知识如投资组合理论、资本资产定价模型、期权定价理论、MM 资本结构理论、信息不对称理论及金融工程学等，无不需要很高的知识转换成本才能获得，而广博的财务背景知识如市场经济理论、行业政策法规、相应的商品生产与服务提供知识等的获得和转换也不可能是瞬间发生的，这些知识更需要财务决策人员花费时间、精力去吸收相关信息才能获得。即使已位居财务决策高层的人员如财务总监和财务副总具备了较高、较精深的财务专门知识，其所面临的环境知识的变迁性也会使其拥有的财务专门知识极易陈旧，尤其是当需要综合相当分散的个体具有的专门知识而作出最综合的财务决策时，这种情况新经济时期更为普遍。

财务管理的分层次特征表明，不同层次的财务管理所需要的专门知识要求是不相同的。越是层次较低的财务管理人员，其进行决策所需要的财务知识就越一般化，其获取知识的代价也便越小，因而财务专门知识的转换成本也就越低，对财务决策人员的智力要求就相对较低。为使财务决策具有高效率和减少财务决策失误，从理论上讲，我们需要根据各层次财务决策所需要的财务专门知识的基本特征，将不同的财务决策权配置给拥有不同层次财务专门知识的人员。事关企业发展大局的财务决策如决定经营方针和投资计划、批准企业财务预算、制定财务发展战略等重大事项，其财务决策权就应当配置给企业财务高层人员如 CFO 等；企业的日常财务决策如拟定各种具体的财务成本计划、进行财务报告与分析、落实财务预算、控制现金流量等财务事项，其财务决策权就应当配置给企业的财务中层管理人员如财务经理等；对于一般的日常成本费用控制，其财务决策权（此时主要是成本决策与费用控制决策权）就可以直接配置给具体的成本、费用中心的有关管理人员，甚至是直接操作者。

三、信息成本、代理成本与财务治理权组合模式选择

尽管我们可以根据财务决策权所需专门知识的特征，将财务决策权配置给不同层次的财务管理者，但是财务专门知识在不同财务决策主体之间传递时，由于信息不对称将产生信息成本；另一方面，各层次的财务决策主体具有与其自身利益一致的目标函数，这些目标函数之间并不相同，与企业组织目标存在差异，从而导致利益冲突，产生代理成本。信息成本与代理成本的存在使得财务决策权配置并非是一种简单的对应逻辑，使得现实的企业财务治理权组合模式往往处于财务集权与分权之间的某一随机位置上，从而财务治理权组合模式具有不确定性。

（一）财务治理权配置的基本模型

现代企业往往把包括财务决策权在内的全部决策权根据企业章程的规定，授予董事会和经理层。然后，各种决策权再按照最高管理层和董事会所确立的授权规则配置给不同的决策个人和组织单位拥有。这样，随着代理链条的延长，财务决策越是接近基层，由信息不对称引起的成本便会越小，因为具体时间与地点的知识更能为该层次的财务决策人员所掌握与运用，但代理人之间的利益冲突所导致的代理成本却会越来越高，这是财务集权治理向分权治理过渡的一个基本特征。借助于信息成本与代理成本之

间的相互比较与权衡，财务决策权配置的基本理论模型如图8－1所示。

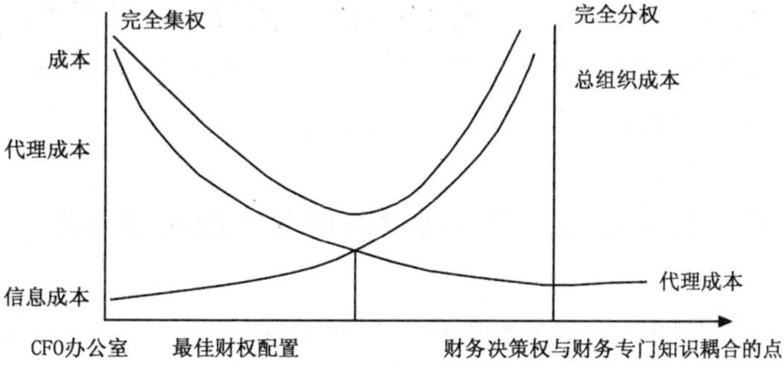

图 8－1 财务决策权配置理论模型

从图 8－1 中可以发现，随着财务决策权离开 CFO 办公室距离的逐渐延长，信息成本曲线与代理成本曲线是分别下降和上升的，而其总的组织成本（信息成本与代理成本之和）则因此而呈现出先下降后上升的态势，并且其上的任何一点都代表了财权配置的某种集权或分权程度，从而形成某种财务治理权组合模式。在组织成本曲线的某一点上，代理成本与信息成本总是存在的。当然，对应于总的组织成本曲线的最低点，就是财务决策权与财务专门知识的最佳耦合点，因而也就应该是财务决策权配置的最佳点。相应地，对应于该耦合点的财务治理权组合模式也就是最佳财务治理权组合。然而，即使是处于最佳耦合位置的财务决策权，仍然会有由于缺乏信息和目标函数不一致引起的冲突而导致作出错误决策的可能性。同时，财务知识的专门化特征在财务治理的各个层次上都存在，而不仅仅是在较低层次上存在，如一线工人通常控制着所操作的专门机器，从而拥有维护该机器、定额工时、最佳维护费等方面的知识，而财务经理则往往拥有关于资本结构决策、最佳投资组合、衍生金融工具等方面的知识，而 CFO 则通常拥有关于企业发展前景、财务发展战略和宏观资本市场等方面的知识。知识经济学的研究表明，要提高决策的效率，减少决策失误，就需要将决策权转让给在每一个管理层次上都拥有相应专门知识的决策代理人，从而使由于信息不完全、信息不对称引起的成本与由目标不一致导致的成本之和达到最小。财务决策权的配置也是如此，财务治理的基本模式便取决于信息成本与代理成本的变化动态及其耦合总成本最低的位置，因而最佳财务治理权组合模式的确定应该是一个动态的调整过程。

（二）财务治理权组合模式的选择及其影响因素

根据财务决策权配置的理论模型，确定财务治理集权与分权的最佳程度需要权衡由信息不完全、信息不对称引起的错误决策成本和由各利益相关者目标不一致引起的代理成本。如果实行完全集权的财务治理权组合模式，由目标不一致引起的代理成本尽管很小，但不会减少至零，而由缺乏信息引起的成本则可能很高。反之，随着财务治理权的逐级下放，直至实行彻底的财务治理分权，此时由目标不一致引起的代理成本将会非常高，而由信息缺乏导致的信息成本却不会减少至零，因为人类大脑容量的有限性不可能使决策者获得所有相关的决策知识，或者即使能够获得，其成本也非常高昂。同时，从控制与激励相容的角度看，确定财务集权的最佳程度还需要考虑财务决策的灵活性、财务政策的激励性、财务预算的管理水平、业绩考评体系的科学性和财务管理人员的素质水平等有关因素。

确定财务治理分权的最佳程度与确定财务治理集权的最佳程度往往是一枚硬币的两面，除了需要权衡信息成本与代理成本之外，还须考虑企业总体规模、信息技术先进程度、经营环境的变化速度、政府行业管制的变迁以及企业控制技术的进步程度等因素的影响。随着企业规模的扩张，当由信息缺乏导致的边际信息成本的增加量高于由目标冲突引起的边际代理成本增加量时，分权的最优程度便会增加；当信息技术的变化使得财务专门知识能够有效地从较低层次财务治理向较高层次财务治理转移时，就会存在一个向财务治理集权化的转换过程；反之，信息技术的进步使得较高层次的专有信息易于向较低层次传递、扩散时，也就存在一个财务治理分权化的趋势；不断增强的政府对行业、对市场的管制及其变迁，将会导致财务的集权化治理，因为政府管制法规的增加提高了 CFO 办公室等高层治理机构的财务法规专门知识的数量与专门化程度；而企业控制技术的进步则有助于监督与评价各层次财务决策人员的业绩，从而可以有效地减少分割财务决策权产生的边际代理成本，进而有助于推进财务治理的分权。可见，企业财务治理的集权与分权还要受到其他许多因素的影响，财务专门知识的传递和信息成本、代理成本的考虑虽然很重要，但也只是其中一个方面而已。当然，其所提供的启示却是具有重大的现实意义的。

四、简要评析与结论

（1）财务治理权是与企业财务治理结构密切相关的权力制衡观念。它是由财务决策权、财务控制权和财务监督权构成的。财权配置是财务治理结构的核心，而财务治理权又是财权配置中的权力制衡方面，因而财务治理权又构成财权范畴中的核心。而在财务治理权的三权中，财务治理权对财权配置的作用和影响，主要是通过财务决策权的影响来实现的，因而财务决策权就成为财务治理权、财权配置乃至企业财务治理结构的核心。我们在前文中提到的财权分层管理，在很大程度上指的是财务决策权的分层管理问题。

(2) 财务决策权配置的理论模型表明，财务治理的集权或分权模式并不是固定不变的，而是具有不确定性，简单地把企业财务治理权组合模式理解为集权型与分权型是不科学的，财务治理集权与分权的最佳模式往往需要权衡企业发展战略、总体规模、所在行业特点、信息技术水平及环境变化速度等因素的综合影响来确定，同时还需要考虑控制与激励的相容问题，如绩效度量体系、奖罚机制、监督成本、激励强度等。我国近年来关于财务治理权集中化配置的讨论与强调，似乎表明财务集中化控制是企业财务治理的唯一最优化模式，这必将在获得资金运用的规模效应的同时，导致企业财务政策激励强度的牺牲及其他财务分权治理的比较优势的丧失。

(3) 财务治理具有层次性的特点，与之相适应的财务治理主体就需要拥有不同层次的财务专门知识和财务管理经验，而财务专门知识的获得则是一个渐进的、代价较高的过程，因而为要使财务决策有效率地进行，便需要在企业组织内部建立一种财务职业晋升的激励机制、财务专门人才的选拔机制。这样，一方面，使层次较低的管理人员在具备了较高层次的财务专门知识与相关财务管理经验后，能被安排到高一层次的、适当的财务决策岗位上，形成具有激励功能的预期；另一方面，如果组织外的优秀财务人员具备了相应的财务专门知识，那么也能够被聘到本企业适当的财务管理岗位上。

(4) 现代信息技术的进步使含有财务专门知识的信息传递成本大为减少，由信息缺乏导致的错误决策成本将大为降低，从而财务集权化治理似乎就是一个必然趋势。然而，事实上往往并非如此，因为财务决策过程是一个需要财务专门知识与职业判断的过程，而这不仅仅是一个对财务相关知识的简单处理过程，更是一个职业经验的积累过程，因为现代信息技术为财务集权治理提供的仅仅是一种技术支持，而不是对财务决策者的财务判断、财务决策的简单化替代。另外，尽管现代通讯速度的加快使我们有可能建立更加统一的经济组织，但是信息技术对于组织结构的影响还是有限的，而且财务治理的分权模式有利于调动中、低层财务决策人员的积极性，具有内生的激励作用，而这恐怕是任何信息技术下的财务集权都难以做到的。因此，在现代信息技术条件下，实行某种程度的财务分权还是有其比较优势的。

本章参考文献：

1. Jensen M, Meckling W. Theory of the Firm: Managerial Behavior, Agency Costs and Ownership Structure. Journal of Financial Economics, 1976, 3 (10): 305 - 360.

2. Chang, C.. Payout Policy, Capital Structure and Compensation Contracts when Managers Value Control, Review of Financial Studies, 1993, (6): 911 - 939.

3. Cornell B., A. C. Shapiro. Corporate Stakeholders and Corporate Finance. Financial Management, 1987, (16): 5 - 14.

4. Fama, E., Jensen M. C. Separation of Ownership and Control. Journal of Law and Economics 1983, (26): 327 - 349.

5. Jensen, M. C., Meckling, W. H. Special knowledge, General knowledge and Organizational structure. Contracts Economics, Oxford Press, 1992.

6. 伍中信：《现代财务经济导论——产权、信息与社会资本分析》，立信会计出版社 1999 年版。

7. 卢昌崇：《企业治理结构》，东北财经大学出版社 1999 年版。

8. 李维安：《美国的公司治理：马奇诺防线》，中国财政经济出版社 2003 年版。

9. 孙永祥：《公司治理结构：理论与实证研究》，上海人民出版社 2002 年版。

10. 哈耶克："知识在社会中的运用"，《个人主义与经济秩序》，北京三联书店 2003 年版。

11. 斯蒂格勒："信息经济学"，《产业组织与政府管制》，上海三联书店、上海人民出版社 1998 年版。

12. 裴伯英："论现代企业财务的分权分层管理"，《会计研究》，1998 年第 1 期。

13. 王斌、高晨："组织设计、管理控制系统与财权制度安排"，《会计研究》，2003 年第 5 期。

14. 李连华："股权配置中心论：完善公司治理结构的新思路"，《会计研究》，2002 年第 10 期。

第九章

资本结构：财务治理结构的基础

目前，国内外理论界从融资结构的角度来研究企业治理问题的相关文献较多，研究成果可以说是相当丰富的。根据融资结构的财务契约属性，这其实也就是从企业财务治理结构方面来认识企业治理问题，也就是本书所述的财务治理结构问题。企业财务治理结构本身就是解决融资契约中委托代理关系所产生的各方财务利益的不一致问题。从现代企业的产权关系特征及其所引起的委托代理关系问题的解决方面看，财务治理是企业治理的核心。前文我们曾经指出，企业财务治理的财权安排最终从两个方面影响企业治理，一是形成特定的财务结构（或资本结构），从结构上影响企业治理；二是形成一种财务激励与约束机制，从制度上影响企业治理。其中资本结构是财务治理结构的基础，而激励与约束机制是财务治理结构的内核，我们对此将分别进行研究。

第一节
资本结构与企业财务治理的关系

资本结构是指企业各项资本来源的组合状况。其中股本资本和债务资本是现代公司制企业两种最基本的，也是最主要的资本来源，同时也代表着资金所有者对企业的两种不同的治理方式。资本结构在很大程度上体现一种制度安排（张志宏，2003）。

从企业融资结构角度研究企业治理的较早的论述是由詹森和麦克林（Jensen and Meckling，1976）作出的。他们指出，在企业的总投资额和经理的投资额不变的情况下，增加债务融资的比例，将可以增加经理拥有的股权比例，进而影响企业的治理。哈特（Hart，1995）甚至认为，给予经营者以控制权或激励并不十分重要，至关重要的问题可能是要设计出合理的融资结构，限制经营者以投资者的利益为代价，追求他们自己目标的能力。戴蒙德（Diamond，1991）则分析了融资结构与企业治理中的声誉机制之间的关系。他认为，由于债务的偿还是与企业破产相联系的，因而从声誉的角度出发，企业经理往往倾向于选择相对安全、能保证及时还清债务的项目，而不是真正价值最大化的项目。威廉姆森（Williamson，1988）则从交易成本经济学的角度，分析了企业融资结构与企业治理的关系。他认为，在市场经济条件下的企业中，债权和股权不应仅仅被看作是不同的融资工具，而且还应该被看作是不同的治理结构。

在国内，张春霖（1995）提出我国国有企业的融资方应监控企业的内部人，也就是说，要重视债权人在企业治理中的作用。他认为从中国的实际情况来看，为了达到监控内部人的目的，必须重新构造融资结构。张维迎（1999）认为，“资本结构是企业治理结构最重要的一个方面，企业治理结构的有效性在很大程度上取决于资本结构”。李维安（2002）认为，“股权资本和债务资本是现代公司制企业两种最基本的，也是最主要的资本来源，同时也代表着资金所有者对企业的两种不同的治理方式”。

我们认为，从融资结构角度研究企业治理问题，就是从财务角度来认识企业治理问题，也就是本书所论述的财务治理结构问题。通过上述国内外理论界对资本结构与企业治理关系的分析，可以得出以下结论：在既定的制度框架下，资本结构是企业财务治理结构的基础和依据，企业财务治理结构是资本结构的体现和反映；资本结构的选择在很大程度上决定着企业财务治理效率的高低。

第二节 企业财务治理的基本理论基础：资本结构中的委托代理关系

资本结构理论中的委托代理理论是企业契约理论中委托代理理论在企业财务理论中的应用。在构成企业的一系列利益相关主体之间的契约中，与企业融资有关的委托代理关系主要表现为因股票融资而引起的股东和企业经营管理者之间的委托代理关系和由债务融资而引起的股东与债权人之间的委托代理关系。当这两方面的代理关系存在时，就会出现因代理关系而引起的股东与企业经营管理者、债权人与企业经营管理者（或代表股东利益的经理层）之间的利益冲突。由于代理人是一个具有独立利益和行为目标的经济人，他的行为目标与委托人的目标不可能完全一致，以及委托人与代理人之间存在严重的信息不对称和契约的不完全性，企业的委托代理关系就会存在代理人问题，它包括代理人的道德风险（moral hazard）和逆向选择（adverse selection）两个方面。为解决融资结构中的代理人问题，就必须设立一套有效的制衡机制来规范和约束代理人的行为，加强公司财务治理。

融资结构的确立不单是一个融资契约的选择问题，更重要的是资金背后产权主体相互依存、相互作用共同构成的某种制衡机制的配置问题。企业不同融资契约的选择就是企业不同财务治理结构及财务治理机制的选择。企业的融资决策就是通过确定企业适当的融资结构，形成有效的制衡机制，约束代理人行为。正如威廉姆森（Williamson，1988）的观点，股本和债务与其说是融资工具，不如说就是控制与治理结构。阿洪和博尔顿（Aghion and Bolton，1992）认为，企业融资结构的选择也就是控制权在不同证券持有人之间分配的选择，最优的负债比例是在该负债水平上导致企业破产时将控制权从股东转移给债权人。所以，有什么样的融资结构就有什么样的企业财务治理结构与机制，融资结构的合理确定是有效企业财务治理的基础。

第三节
融资方式对企业财务治理的影响

企业融资方式的不同会直接影响到企业经营者、股东与债权人之间的关系，因为股权与债务在一个企业的资本结构中是可以相互替代的，两者对企业经营者的约束力与控制力在程度上有所不同。股东和债权人如何在企业治理中发挥作用，是研究资本结构在企业财务治理中作用的关键。从这个意义上讲，资本结构对企业财务治理结构的形成有着重要影响，并在很大程度上决定了企业财务治理的范围及效率。

一、股权融资对企业财务治理的影响

股东参加企业治理的积极性与股权结构的集中程度有关，集中程度直接决定了参与企业治理的大股东是否存在，股权的集中程度也直接影响到股东参与企业治理的积极性，从而决定了股东对企业控制的实现方式的不同选择。

股东监控企业要付出成本，股东监控企业的动力源自于其监控的收益与成本的比较。就监控成本而言，大股东与小股东实施有效监控的成本基本是一致的，但他们获取的收益却相差很大，大股东取得的收益远远大于小股东的收益，小股东的理性选择便是放弃对企业的监控权而“搭便车”。如果股权过于分散，就会造成监控者的缺位。所以，股权集中度越高，内部控制越有效。这也就是德、日两国企业普遍采用内部监控型企业治理模式的原因。相反，英、美两国由于股权分散而缺乏内部监督约束。

当企业股权高度集中时，大股东是以其所拥有的投票权和表决权，通过投票选择企业董事会，由董事会选择经营管理者，将企业的日常财务决策委托给经营管理者来实现的。如果经营管理者未有效履行股东的委托责任，或者存在有损于企业价值的行为，股东可以通过董事会更换经营管理者，这实际上是一种股东“用手投票”的控制方式。当企业股权高度分散时，中小股东参与企业治理的成本和收益不对称，股东没有参与企业治理的积极性，主要借助资本市场上的退出机制和接管来约束经营者。这实际上是一种“用脚投票”的控制方式。

股权结构中股份持有者的不同特性也会对企业治理效率产生一定的影响。在一定程度上提高内部股东（尤其是经营者）的股权比例，能激励经营者为了增加自己的财富而更加努力地工作，促使他们的目标函数与外部投资者的目标函数趋于一致，减少两者之间的代理成本，提高企业的治理效率。

关于企业股权结构、治理机制与绩效关系的研究。在西方，对企业价值与经理所拥有股权之间关系的正式的研究始于詹森和麦克林（Jensen and Meckling，1976），他们将股东分成两类：一类是内部股东，他们管理着企业，有着对经营管理决策的投票权；另一类是外部股东，他们没有投票权。而企业的价值则取决于内部股东所占有的股份的比例，这一比例越大，企业的价值也越高。在国内，孙永祥、黄祖辉（1999）通过对我国上市企业股权结构与绩效的实证分析，认为有一定集中度、有相对控股股东，并且存在其他大股东的股权结构能使企业的绩效趋于最大。陈晓、江东（2000）对股权多元化、企业业绩与行业竞争性所作的实证研究表明：不同类型的股东在企业治理结构中发挥的作用是状态依存的，股权结构的多元化对企业业绩的正面影响取决于行业的竞争性。在提高行业竞争性的基础上，通过适当减持国有股比例，提高法人股和流通股的比例，将能改善企业的治理结构。

通过上述国内外的研究成果可见，一种对企业治理效率产生良好影响的股权结构一般应满足两个条件：第一，股权集中或分散的适度性；第二，股份的持有者应当是明确的。

二、债务融资对企业财务治理的影响

（一）债务融资对经营者的激励功能

企业发行股票对外筹资时，企业的经营管理者就有可能产生各种非生产性消费、采用有利于自己而不利于外部股东的道德风险行为，导致经营管理者和外部股东的利益冲突。缓和经营者与外部股东冲突的一种有效方式，是改变融资方式，即企业所需的部分资金通过负债的方式进行筹集。债务融资的激励效应表现在以下方面：

（1）在经营者对企业的绝对投资不变的情况下，增加投资中的负债融资比例将增大经营管理者的股权比例，激励经营管理者努力工作。可以用一个简单的数学模型来说明这种影响机制。设经营者的股权融资金额为 m，其他股东的股权融资金额为 n，则股权融资总额为 m + n，经营者所占有的股权比例为 m/（m + n），假定公司的负债融资金额为 b，同时公司的资产收益率为 r，债务利息率为 i（假设 r > i），则容易得出，经营者的股权收益 T 为：

$$T = \frac{m}{m+n}[(m+n)\cdot r + (r-i)\cdot b]$$

也就是：

$$T = m\cdot r + \frac{m}{m+n}(r-i)\cdot b$$

可以看出，随着债务融资量的增加，经营者的股权收益也趋于增加。在企业总融资量不变和经营者对企业的绝对投资额不变的情况下，通过减少其他股东的股权投资数额，相应增加债务融资数额，则 b 增加和 n 减少的双重作用可以使经营者股权比例

m/（m+n）增大，同时可以较大地增加经营者的股权收益，激励其努力工作。

（2）债务可以作为一种担保机制，促使经营者努力工作。其理由是经营者的效用依赖于他的经理职位，从而依赖于企业的生存，一旦企业破产，经理将失去任职的一切好处，对经理来说，要在较高的私人收益与较高的因破产而丧失的所有任职好处的风险之间的权衡。企业破产的可能性与负债比例正相关，所以，负债融资可被当作一种缓和股东与经理冲突的激励机制。

（二）债务融资对经营者的约束功能

债务融资对经营者的约束作用体现在以下几个方面：

1. 企业的债务融资会降低公司的投资能力，限制其无限的投资冲动，维护投资者利益

当企业有较多经营盈余时，股东一般希望能将盈余资金以红利的形式返还，而经理人员一般更愿意用来投资。即便在投资机会较少时，经理人员也希望去兼并和收购扩张，以增加自己的控制权收益。但从股东的角度来看，这种支出是低效的。在这种情况下，如果企业有债务负担，债务支出减少了企业的现金流量，从而降低了经理人员从事无效投资的选择空间（李维安，2002）。在威廉姆森（Williamson，1988）的模型里，他把债券称为“以条约为基础的治理”（rule-based governance），与股票的“自行处置治理”相比，债券的治理“是非常市场化的东西”，可以很好地约束管理者的自由处置权，用债券来替代股票可以使企业从“自行处置治理”转到“以条约为基础的治理”上。詹森（Jensen，1986）指出，经理可能对过多的自由现金流量随意使用，而债务使得企业必须在将来还本付息，否则债务人将提出破产清算程序，这样就减少了经理对企业自由现金流量的

滥用，从而减少了代理成本。根据詹森的看法，负债可以在一定程度上剥夺经营者在自由现金流量上的自行支配权利，管理者受法律的约束必须定期依约还本付息，因此负债有助于防止企业在低收益的项目上浪费资源，从而可以提高企业的经营效率。关于债务融资对保护投资者，节制经理人员过度投资行为的作用，哈里斯和雷维吾（Harris and Raviv，1990）的研究表明，即使企业破产清算对投资者来说可能更好一些，经理也总是试图让企业继续经营下去，并且经理总是将尽可能多的资金用于投资，尽管将这部分资金以红利等形式返还给投资者会更好些。而债权人在企业现金流很少的时候能接管企业，要求企业破产清算，这样可以保护投资者的利益，并抑制经理的过度投资。

2. 债务契约的强制履行机制

债务契约的强制履行机制主要表现为当债务人发生偿债危机时为保护债权人的利益而执行的破产机制。在企业违反债务契约或资不抵债时，债权人可通过处理抵押资产，迫使企业破产等方式来行使权利，这将对经营者构成很大的威胁，为了避免它的发生，经营者只有努力经营，设法提高公司的运营效率。

3. 财务控制权的状态依存机制

自20世纪80年代以来，研究企业理论的经济学家越来越认识到，企业所有权只是一种状态依存所有权，股东不过是正常状态下的企业所有者。控制权相机配置又称为“所有权状态依存”，它本是说明企业所有权安排的经济学概念，这里借助于描述财务控制权的相机配置主要是因为：财务控制权是所有权的核心内容；经济学对所有权安排的状态依存性的解释就是基于财务方面（李心合，2003）。张维迎（1996）描述企业所有权状态依存的例子就是较好的例证。令 x 为企业的总收入，w 为应该支付工人的合同工资，r 为对债权人的合同支付（本金加利息）。假定 x 在 0 到 X 之间分布（其中 X 是最大可能的收入），工人的索取权优先于债权人。那么，状态依存所有权说的是，如果企业处于“$x \geqslant w + r$”的状态，股东是所有者；如果企业处于“$w \leqslant x < w + r$”的状态，债权人是所有者；如果企业处于“$x < w$”的状态，工人是所有者。从财务方面看，企业所有权“状态依存”指的是企业的财务控制权和财务收益分配权随企业效益和财务状况的变化而变化。当企业有能力偿债时，股东作为企业的所有者拥有企业的剩余索取权和控制权；而当企业偿债能力不足时，控制权就转移给债权人。这种转移的基本道理在于，在后一种情况下，债权人成为实际的剩余索取者从而有更大的激励作出适当的决策。通常来说，债权人控制比股东控制对经理更残酷，因为，与在股东控制时相比，经理在债权人控制时更容易失去职位。由于这个原因，债务能更好地约束经理。

4. 债权人很容易观察到企业过去偿还贷款的信息

企业偿还贷款的记录越好，企业进一步获得贷款的成本就越低。这鼓励了企业保持良好的经营状态和较好的还款记录（李维安，2002）。

总之，债务融资在企业治理方面拥有股权融资无法替代的功能。在企业财务治理结构中，应注意发挥债务融资的独特治理功能。

本章参考文献：

1. Jensen M, Meckling W. Theory of the Firm: Managerial Behavior, Agency Costs and Ownership Structure. Journal of Financial

Economics, 1976, 3 (10): 305 - 360.

2. Harris Milton, Artur Raviv. Capital Structure and the Informational Role of Debt. Journal of Finance, 1990, 45 (2): 321 - 349.

3. Aghion P, Bolton P. An Incomplete Contract Approach to Financial Contracting. Review of Economics Studies, 1992, 59 (4): 473 - 494.

4. Williamson Oliver. Corporate Finance and Corporate Governance. The Journal of Finance, 1988, 43 (3): 567 - 591.

5. Jensen M. Agency Costs of Free Cash Flow, Corporate Finance and Takeover. American Economic Review, 1986, 76 (2): 323 - 329.

6. 李维安:《现代公司治理研究》,中国人民大学出版社 2002 年版。

7. 李心合:"财务理论范式革命与财务学的制度主义思考",《会计研究》,2002 年第 7 期。

8. 张志宏:《现代企业资本结构研究》,中国财政经济出版社 2003 年版。

9. 张维迎:《企业理论与中国企业改革》,北京大学出版社 1999 年版。

10. 张春霖:"从融资角度分析国有企业的治理结构改革",《改革》,1995 年第 3 期。

11. 孙永祥、黄祖辉:"上市公司的股权结构与绩效",《经济研究》,1999 年第 12 期。

12. 陈晓、江东:"股权多元化、公司业绩与行业竞争性",《经济研究》,2000 年第 8 期。

第十章

财务治理结构的激励约束机制研究

美国著名经济学家斯蒂格利茨曾说过："在许多发展中国家中，一个关键性问题是缺少企业家。发展中国家不仅缺少企业家，而且现有的那些有限企业家的才能经常没有得到很好的利用。经济学家不知道这些国家为什么缺少企业家。经济史学家和心理学家们也试图解释其中的原因，但都没有得到明确的答案。"尽管各个发展中国家具有不同的国情，面临不同的问题，但迄今为止综合各种原因解释，一个带有共性的研究结论表明，缺少有效的激励机制和约束机制，是导致许多发展中国家缺少企业家的直接原因。前文我们曾经指出，企业财务治理的财权安排最终从两个方面影响企业治理，第九章研究了第一个方面，即形成特定的财务结构（或资本结构），从结构上影响企业治理；本章则对第二个方面展开研究，即形成一种财务激励与约束机制，从制度上影响企业治理。

第一节
激励约束相容机制：财务治理结构的内核

一、激励与约束机制是财务治理结构的内核

我们认为，当人力资本作为一种资本形态存在后，财务治理结构的核心问题，是建立人力资本的激励和约束机制，实现决策科学化。建立良好的激励机制，是为了保证人力资本的地位及利益。约束机制则可以防止人力资本侵犯货币资本的利益。重视人力资本投资，已成为国际知名跨国企业的共同做法。魏杰（2001）提出，当人力资本作为一种资本形态存在后，企业治理结构的核心问题，是建立人力资本的激励和约束机制。建立良好的激励机制，是为了保证人力资本的地位与利益。约束机制则可以防止人力资本侵犯货币资本的利益。激励机制包括：经济激励机制——集中表现为产权激励，让人力资本持股；地位和权利的激励——表现为首席执行官（CEO）的产生，社会知名人士组成战略决策委员会及出任独立董事，增大人力资本在经营活动中的权力；企业文化的激励——表现为更强调人与人之间的等级差异等。约束机制包括：内部约束——通过企业章程、合同等进行约束；外部约束——法律约束、道德约束、市场约束以及社会团体和媒体的约束等。

企业内部存在着信息不对称，这种信息不对称导致了经理人员的“机会主义”与偷懒行为，会损害股东的利益。在财务方面主要表现有：发布虚假财务信息，误导投资者和债权人财务决策，加大股东的投资风险；运用股东对经理人员日常财务经营决策不得干涉的要求，经理人员通过增加其在职消费或与其他人进行合谋行为谋取自身利益而损害股东利益；或者因玩忽职守作出错误的财务决策，以损害企业的利益。这些行为，将会制约分层财务决策机制的顺利实施，为此，有必要在企业内部建立激励约束相容机制，协调各层之间的利益关系，以实现企业价值和相关者利益最大化的财务目标。

目前我国国有企业普遍存在的财产所有者缺位、投资者所有权与企业法人财产权不分的现象就是因为没有构筑合理的产权结构；企业经理人员出现“内部人控制”就是因为没有对经理人员建立相应的激励约束机制；企业内部财务决策失效，就是因为没有建立相应的分层财务决策机制。因此我们认为：企业财务治理结构的核心是财权配置，而财权配置的更核心问题便是建立一套激励与约束相容的财务制度或者财务机制。国有企业内部财务制度创新的目的，就是要建立高效、富有活力、激励约束相容的企业财务治理结构。

二、建立激励与约束机制应当遵循的原则

在当前形势下，有效的企业激励与约束机制应当是市场型的激励与约束机制，它的建立是一个系统的工程，要求对不同层次、多方面的影响因素进行综合考虑和配套改革。李秀荣（2002）认为，建立新的市场型企业激励与约束机制应当遵循的原则是：

1. 以市场经济作为激励约束机制建立的前提

市场经济体制是我国经济体制改革的目标，其本质规定对企业经营者激励与约束机制的建立提出了以下基本要求：第一，市场这只“看不见的手”应成为企业经营者激励约束机制的主导力量；第二，企业内部的产权力量，而非企业外部的非产权力量，构成企业经营者激励与约束机制运行的原动力；第三，企业激励与约束机制建立的目标是效率，即企业激励与约束机制的运行要保障企业资本的持续、高效运营，实现资本的保值与增值。

2. 以企业制度创新作为激励约束机制建立的突破口

有学者认为，建立企业经营者的激励与约束机制，最有效的办法是搞好两个方面的制度创新：一是企业的产权制度创新（包括产权所有制的创新和产权组织制度创新），要建立一种产权清晰、权责明确的制度。二是企业经营者制度创新（包括对经营者的市场选聘制度和激励与约束制度）。而且，这两个方面的制度创新是紧密相连、缺一不可的。没有企业产权制度的创新，就谈不上经营者制度的创新；只有产权制度的创新，没有经营者制度的创新，企业肯定还是搞不好。

3. 以绩效考核作为激励约束机制建立的支撑点

要使激励与约束机制高效运作，并逐渐规范化，就必须以有效的绩效考核（包括科学的考核指标体系、健全的考核机构和严肃的考核办法等）为支撑点。这个支撑点，就是对绩效进行有效的考核或评估，使收入与其绩效挂钩，责任和贡献相符。一种好的绩效考核机制，无疑是激励与约束机制高效运作的关键。

4. 激励与约束机制相平衡，以激励机制为主

激励的目的是调动组织或个人的积极性和主动性；约束的目的是防止组织或个人偏离目标。激励与约束的关系不是对立的，而是相辅相成的。没有无约束的激励，也没有无激励的约束。激

励是在一定约束下的激励，而约束往往是建立在激励基础上的约束。只有保持两种机制的平衡，才能保证经营者既能充分发挥其主动性和创造性，又不偏离投资者的目标。从当前我国国有企业改革与建立现代企业制度的要求来看，建立经营者激励与约束机制主要是解决好激励方面的问题。因为，国有企业长期偏离激励的方向，“社会主义体制内的许多激励被误导了”（斯蒂格利茨）；其次，从一定意义上讲，激励本身也是一种约束，是最深层次的约束。如给某位高管人员以较高的地位和较好待遇，则要求他取得良好的绩效，这也构成一种约束；再次，加大激励力度有利于员工队伍的稳定，留住优秀人才。

第二节 财务治理结构的激励机制研究

一、激励的内涵与激励理论

（一）激励的心理学研究视角

激励指的是激发人的动机的心理过程。通过激励，在某种内部或外部刺激的影响下，使人始终保持一种兴奋状态。将“激励”这一概念用于财务治理活动中，主要是指调动人的积极性的问题。由此可知，激励的对象是人，而人是有需要、有动机和行为的，人的行为具有目标指向性。人的行为是由动机支配的，而动机则是由需要引起的，人类的需要又是由内外的诱因所导致。不同的心理学流派站在不同的角度上研究激励问题，进而提出了相应的激励理论，主要有以 S→O→R 为模式的行为主义激励理论（S为刺激；O为主观因素，指意图、愿望、行为目的、映像和计划等；R为反应，即人的行为）；以认知心理学为基础的内容型激励理论（马斯洛的“需要层次理论”、阿尔德弗的“生存、关系、成长理论”等）和过程型激励理论（亚当斯的公平理论、海特的归因理论等）以及将行为主义与认知心理学结合起来考虑的综合激励理论。

综观以上激励理论，其基本内容均是从人的需要出发，通过不同的手段来刺激人的需要，进而产生动机和行为，并使其行为指向特定的目标。当人的某种需要没有得到满足时，它就会推动人们去寻找满足需要的对象，从而产生动机，人在动机的驱使下就会导致一系列寻找、选择、接近和达到目标的行为。表现出来的行为实现了目标，就会产生心理和生理上的满足。原有的目标实现了，需要得到满足，会产生新的更高的需要，从而产生新的动机和行为，周而复始。因此，激励是一个不断循环的过程。管理活动中，应当研究、发现、丰富和完善能诱导人们产生强烈动机和行为的激励方法。

根据激励理论，有效的激励一定要遵循人类的心理及生理活动的规律。不断设置新的与组织目标相一致的诱因和有效激励的基本目标。人的需要具有多重性、周期性、层次性、无限性等特点。因此，激励的方法应具有权变性，应根据特定的对象、特定的环境、特定的条件、特定的目标，有针对性地设置诱因和目标。

（二）激励的制度经济学研究视角

有效率的制度能促进经济增长与经济发展，无效率的制度会抑制甚至阻碍经济增长和经济发展。道格拉斯·诺思（1988）指出：“有效率的经济组织是增长的关键要素；西方世界兴起的原因就在于发展了一种有效率的经济组织。有效率的组织需要建立制度化的设施，并确立财产所有权，把个人的经济努力不断引向一种社会性的活动，使个人的收益率不断接近社会收益率。”也就是说，即使生产要素投入不变和没有技术进步发生，制度创新也会导致社会总产出增加。市场经济通过制度安排为人们对生产和对自身创新活动提供强有力的激励。制度经济学认为，制度的激励功能是通过产权界定来实现的。有效的产权制度可以促使产权主体使用产权来谋取自身利益，并且使这种利益不断内在化。产权制度还规定了个人动机应如何实现，确定了人们生产劳动和产品分配的规则。当有了制度化的所有权制度后，产权主体就会形成对自己经济行为的预期收益，产权主体的动力机制也因此而形成（卢正惠，2002）。

综上所述，从制度经济学和心理学对激励问题的研究中可以看出两者的不同：制度经济学更注重从产权上、制度上建立起一套激励的机制，这是宏观层次上的；心理学则侧重于研究有效激励的方法和措施，属于微观层面。经济运行的经验表明，市场经济中有效的激励机制的形成不仅需要宏观上的激励，也需要微观上的激励。

二、财务激励机制及其设计

在管理学中，激励的方法与对人性的假设有着内在的联系。不同的人性假设产生了不同的管理方法和激励措施。在管理学发展的不同阶段，产生了多种不同的人性假设理论，基于对人性的不同假设，管理学家提出了不同的方法和手段来激发和调动人的工作积极性。基于经济人假设的激励方法，最有效的措施是物质刺激，即用金钱来刺激人们的工作积极性。基于社会人假设的激励措施强调，管理工作中满足人的社会性需要比满足物质需要更加重要。基于自我实现人假设的激励方法就应该是创造一种适宜的工作环境、工作条件，使人们能在这种环境和条件下充分挖掘自身潜力、发挥才能，尽量减少和消除在自我实现过程中的障碍和阻力。基于复杂人假设，现实中没有一套适用于任何时代、任何组织和个人的普遍有效的激励方法。因此，管理者要调动人的积极性，必须因人、因时、因地、因事而异，采取灵活多样的激励措施，用权变理论和方法来指导管理工作，以达到有效激励的目的。

在借鉴制度经济学、心理学和管理学有关激励问题研究成果的基础上，我们认为，财务治理结构的激励机制是指在企业财权合理分割的基础上，利用有效的激励手段，协调财务治理主体之间的权益关系，激发各主体的参与积极性和工作热情，提高企业价值和决策科学性的一种机制。激励机制是财务治理结构的动力所在，是促使财务治理主体行使权利并承担义务的调节装置，对财务治理结构的整体功效具有重要影响。财务治理结构的激励机制影响着财务治理主体参与企业治理的积极性，激励机制设计成功与否，对财务治理效果具有实质性影响。

财务治理主体构成十分广泛，需求各不相同，使得激励各主体积极参与财务治理问题变得十分复杂。在各治理主体中，我们认为企业核心人力资本（包括技术创新者和职业经理人）激励是财务治理结构激励的重点，激励效果决定着核心人力资本的积极性，对企业最终经营成果具有决定性影响。

具体来讲，财务治理结构激励机制设计如下：

1. 建立、健全经营者以产权为目标的激励机制

贾伟强（2003）认为，应该积极推进企业股权多元化的改造，通过股权多元化和分散化，在绝大多数企业中建立规范化的

法人治理结构。给予经营者一定的剩余索取权，通过产权的赋予使经理人员承担一定的风险，在经理人员身上实现权、责、利的统一，使他们既是企业的经营者，又是企业部分产权的所有者，从而激发他们的内在动力。

2. 物质激励与精神激励相结合

个人对物质利益的需求是最直接、最现实的，无论是一般人力资本还是核心人力资本都是如此。给予企业人力资本充分的物质激励，保障其生活需要，满足其物质方面的需求，是激励的基础，如果物质利益方面不能够使人力资本满足，其他激励方式将很难起到应有激励作用。但仅仅是物质方面的激励还是不够的，根据需求层次理论，核心人力资本在满足物质等方面的需求后，对自我价值实现开始重视，这时精神激励显得非常重要。只有将物质激励与精神激励有机结合，综合运用多种激励手段进行激励，才能够收到满意的效果。

3. 短期激励与长期激励相结合

经营者取得业绩应当给予及时肯定，否则可能挫伤其工作积极性，这就要求短期内要有所反应，对经营者进行短期激励（衣龙新，2004）。但是短期激励方式会助长经营者的“短期行为”，给企业长远发展埋下重大隐患。因此，不能将长期激励与短期激励对立起来，必须全面考核人力资本的贡献并给予其合理激励，才能收到良好的激励效果。

4. 个人激励与组织激励相结合

在知识经济时代，社会分工进一步细化，无论是企业生产经营活动还是组织管理活动，团队生产更具效率，团队精神更加重要。因此，财务治理结构的激励机制的一个重要方面就是协调个人激励与组织激励关系，制定合理的薪酬差距，并对团队进行整体激励。

现代企业制度中人力资本特别是核心人力资本的激励问题是一个世界性的难题。要设计一套符合我国实际的、有效的企业财务治理结构的激励机制，还有许多问题需理论工作者和实务工作者随着改革实践的发展，作进一步探讨和试验。现代发展经济学认为，影响和决定经济发展最关键、最重要的因素是人力资本，而企业经营者则是最关键、最重要的人力资本。要搞活企业，遏制消极腐败现象，必须把经营者放在改革的中心位置，尊重经营者的特性和价值，建立健全一套行之有效的激励机制。

第三节 财务治理结构的约束机制

建立有效的激励机制非常重要，建立相应的约束机制也是必不可少的。人的行为有时会与组织的目标相背离，也会与社会伦理道德规范相冲突、与法律相矛盾。当出现这种不一致时，就需要对行为和目标进行规范、监督、修正，甚至惩罚，形成制度化与非制度化的规范和监控体系，这就是约束。约束的基本问题是行为要受到控制、权力要受到制约，人们对自己的决策后果及行为要负责任。在现代社会中，对个人及组织的约束往往是通过建立适当的制度体系，形成约束机制来实现。

一、约束与约束理论

（一）约束的心理学研究视角

约束，亦称负强化或负激励，指的是一个人的行为与组织目标相背离时，通过批评、惩罚（如行政处分、经济制裁以及法律惩治）等措施，以抑制和削弱该行为。约束可以使人的不良行为表现受到批评、谴责和禁止。在弗洛姆的期望理论、波特—劳勒激励模式、斯金纳的强化理论中均对不良行为、不好的工作业绩等提出了有效约束的方法和措施。弗洛伊德的精神分析心理学认为，人的心理由三个部分组成，一为本能冲动，按“快乐原则”活动；二为认识过程，按“现实原则”活动；三为良心，按“至善原则”活动。如果从约束角度看，弗洛伊德的至善原则和现实原则，其实质就是对人的行为约束，使其行为与社会伦理道德规范、法律、组织制度相一致（卢正惠，2002）。

（二）约束的制度经济学研究视角

制度经济学认为，有效的约束要通过适当的制度安排来实现。制度是在人际交往中形成或被制定出来的行为规则、工作程序和有关社会伦理道德规范，以确定和约束个人或集团的行为。制度决定了人们行为选择的空间，规范了人们的行为。制度带有强制性，制度变迁在一定程度上是国家对个人的强制，或者是企业组织对个人行为的规范和约束。

制度的约束功能由两部分构成：一是正式约束；二是非正式约束。正式约束是有意识建立起来的一系列规则，大到国家的政治规则、经济规则、社会规则，小到组织规则和约束个人行为的规范。非正式约束是人们在长期交往中自然形成的、无形的、具有持久生命力的，并构成代代相传的传统文化的一部分。非正式约束主要包括价值观、社会伦理规范、道德信仰、风俗习惯、意识形态等。在正式约束设立之前，人们之间的关系主要靠非正式约束来维持。即使在现代社会，正式约束也只占整个约束的很少的一部分，人们生活的大部分空间仍然由非正式规则来约束。在非正式约束中，意识形态处于核心地位。正式约束和非正式约束有明显的不同：非正式约束的产生和变化是一个漫长的过程，而正式约束可能一夜间产生或消失；正式约束具有可移植性特点（如一些国际惯例和通行的准则可以从一个国家移植到另一个国家），而非正式约束要移植就很困难（卢正惠，2002）。

二、财务治理结构的约束机制设计

财务治理结构的约束机制主要是对财务治理主体行为进行有效约束，防止由于权利失衡而导致治理效率降低。

根据约束客体的不同，可以将财务治理结构的约束机制分为财务行为约束机制与财务结果约束机制两大基本类。代理理论认为，当结果不确定性增高时，适宜采用基于行为的合同，否则就采用基于结果的合同。因为结果不确定性使得不可能把一切都计划好，而且结果也只部分是行为的函数，有很多可以影响结果的不可控变量（苏玉珠，2000）。借鉴上述理论，由于财务治理参与主体众多，各主体治理行为很难预测，治理效果更具有相当大的不确定性，在财务治理基本框架下，财务行为约束机制更具实际意义，并能够与财务治理行为规范有效对应和衔接，因此，治理中的财务约束机制主要是指财务行为约束机制方面。财务行为约束机制按照被约束财务主体行为过程可分为事前制衡、事中督导和事后惩罚三个约束阶段，只有三阶段都发挥效力并有效衔接、充分结合才能得到应有的约束效应。事前制衡体现着财权分配方面的制衡，防止某一财务治理主体权力过度膨胀不受约束，制止越权行为对他人利益的损害；事中督导在现代公司内部科层组织结构下，体现为上一层级对下一层级直接指导和约束；事后惩罚则是给予不接受并恶意摆脱财务约束的一方的惩罚，主要结合其行为越权程度和所造成的不良后果决定最终惩罚力度（衣龙新，2004）。

李旗纲（2003）将约束机制分为由公司法人治理结构以及规章制度形成的内部约束和由市场形成的外部约束。由于对经营者的约束是财务治理结构约束机制的关键，因此，本书主要从经营者的角度进行研究。

（一）内部约束

1. 法人治理结构对经营者的约束

企业要建立健全有效的企业法人治理结构，明确规定股东、董事会、监事会和总经理之间的权利、责任和义务，形成强有力的制衡性监督约束。主要包括董事会对经营者的监督约束，监事会对经营者的监督约束，党组织对经营者的监督约束，上一层经营者对下一层经营者的约束。其中独立董事中的财务独立董事的设立，是财务治理结构中内部约束的重要内容。

2. 规章制度对经营者的约束

要建立和完善企业章程、规章等，形成强有力的规章性监督约束。主要是通过建立和完善章程和有关的规章、规定等，明确界定经营者的经营责任，形成对经营者经营责任的监督约束；明确界定经营者生产经营行为规范，确定生产经营行为的实施边界，形成对经营者经营行为的监督约束；明确界定有关资金运用与财务管理的规则，使经营者在生产经营中的支出接受预期收入的限制，形成对经营者财务预算行为的监督约束。

3. 企业内部监督性机构对经营者的约束

主要包括财务部门、会计机构对经营者的监督约束；审计机构对经营者的监督约束，如年终审计、定期性的阶段审计和经营者任期经济责任审计；纪检监察部门对经营者的监督约束。要确定有关监督性机构的权威，形成强有力的机构性监督约束。

4. 职工群众对经营者的约束

要充分发挥企业职工群众的监督约束作用，坚持实行“两公开、一监督”制度，凡企业重大决策、全局性的生产经营管理活动以及关系到职工群众切身利益的敏感问题，能公开的要尽可能公开。要通过工会和职工代表大会职能的完善与规范，完善职工民主管理制度，使职工群众对经营者的监督约束作用得以发挥与实现。

（二）外部约束

1. 通过企业产权的安排对企业家进行约束（贾伟强，2003）

企业的产权主要包括剩余索取权和控制权，企业产权的最优分配应该是两者的对称分布（杨瑞龙，1999）。人力资本所有者是企业财富的创造者，企业家作为企业中最重要的人力资本所有者，是剩余最大化的承担者，理应获取企业的剩余索取权（刘小玄，1996）。企业家的创新活动承担着风险与不确定性，因而其报酬必须包括剩余收益，剩余索取权是对企业家在不确定背景下发挥创新精神的回报。

2. 财务相机治理机制的约束

财务相机治理机制是指企业财务状况发生某种重大变化时，为保护相关财务主体权益和提高治理效率，对企业财务控制权进行有效转移的一种机制。现代企业理论告诉我们，财务相机治理机制是由企业所有权状态依存性所决定的。企业所有权状态依存性是指企业所有权并不固定安排给某一企业要素所有者，而是根据企业具体状态安排给相应要素所有者，股东只是企业正常经营状态下的所有者。进一步，由于监督经理是需要成本的，股东只要求一个“满意利润”，只要企业利润大于这个满意利润，股东就没兴趣干涉经理，经理就可能随意支配超额利润。

一般来说，随着企业财务状况的不断恶化，企业财务控制权总是按照经营者—股东—债权人方向转移。财务相机治理机制要发挥作用，相关股东权益保护机制、破产制度等制度保证是非常重要的。通过财务相机治理机制，我们可以根据企业财务状况判断企业经营者情况及各个财务主体利益保障程度，当企业财务状况发生重大变化而使某方财务权益受到严重威胁时，企业财务控制权就应当发生有效转移，实现财务权利重新配置，切实保护相关财务主体利益，以提高企业治理效率。当企业财务状况非常恶劣时，就应当对不称职的经营者进行调整，剥夺其实际财务控制权，在控制权有效转移给股东后，重新推选出新的经营者，这对于帮助企业摆脱困境、保护各方利益是非常关键的。进一步讲，当企业财务状况恶化到不能保障债权人权益时，财务控制权转移到债权人手中是有效率的，通过资本重组等手段，可以使企业轻装上阵，获得重新发展的良机（衣龙新，2004）。

3. 市场竞争机制是对企业家约束的重要机制

霍姆斯特姆（Hailstorm，1979）证明，任何关于经理行动的额外信息，无论多么不完全，都能够使所有者和经理的福利同时得到提高。反之，所有者和经理间的信息不对称程度越高，所有者就越难用经营成果来衡量经理的努力程度。而市场竞争被经济学家认为是提供这一额外信息的主要源泉。法码（Fama，1980）指出经理人市场、资本市场和产品市场上的竞争能够产生约束经理行为的信息。市场竞争是一种强大的压力，它激励企业家强调自身的全部潜能和智慧，运用一切可运用的手段，去适应市场环境，为企业和自身的生存、发展而奋争。正如罗伯特·希思指出的："竞争是一种巨大的杠杆，经理人员也好，老板也好，都会以同样的精神和现实性对这种压力作出反应。"市场竞争机制对经理的压力最终来源于企业家市场的竞争和退出机制，但这种机制的实现却是商品市场、资本市场和企业家市场共同作用的结果（董淑英、高学敏，2003）。商品市场是通过消费者理性的“货币投票”来约束企业家行为的。资本市场主要有股票市场、债券市场、产权市场等，而股票、债券、产权在市场交易中均有各自的价格。这些价格的波动在一定程度上是对企业经营者行为的一种度量，反映了企业经营者的业绩，从而对企业经营者的行为产生约束作用。企业家市场的功能是形成对在职企业家的“经理替代”的压力。法码（1980）和霍姆斯特姆（1982）认为，经理人市场的竞争能对经理施加有效的压力。

4. 利用社会力量实现所有者约束经营者的社会约束模式

有效的监督和有力的约束是国有企业健康发展的重要保障。由于国有企业所有者约束弱化的情况客观存在，运用社会力量强化约束不失为一种行之有效的模式。所有者缺位是困扰国企发展的主要问题。国有企业的生产资料属全民所有，但由国家代表全体人民占有和支配，任何个人无权独享。然而国家也不可能直接来管理企业，只能委托各级政府代管，政府作为国家的代理人委托企业经营管理者代理管理企业。这样，在全国人民、国家与企业之间，引入了层层中间机构，使初始委托者（全国人民）同最终委托者（企业经营管理者）关系疏远，并且信息的非对称性增大，从而一定程度上造成所有者缺位。

第四节
企业激励与约束机制系统结构研究

徐刚（2002）将激励与约束的方式按照其性质不同划分为

"文化性层面、制度性层面和技术性层面"三个层次。这种划分结果的关键不仅仅是激励约束方式上的差异，而是"三种层次的激励与约束方式对被激励、被约束对象行为规范的可靠程度和时效不同"，也就是说，被激励约束对象在"执行"各种层面的激励约束制度时，其行为的可选择性大小不同。

1. 文化层面激励与约束机制

文化层面的激励与约束机制是指通过道德、荣誉、信念、企业文化、价值观念认同等文化层面来激励和约束企业员工。该方式对企业员工行为激励约束的可靠程度最低，被激励约束对象行为的可选择性最大。文化层面激励约束方式一般不能对企业员工行为产生确定性的行为结果，但其激励和约束却是潜移默化和最为深刻的，时效也是最持久的。

2. 制度层面激励与约束机制

制度性层面激励与约束方式，是指通过国家法规和企业的规章制度、政策、工作流程等制度对企业员工进行激励与约束的方式。其激励与约束的可靠程度和时效主要取决于制度制定与执行的状况。总体而言，制度层面激励与约束的可靠性和被激励约束对象行为的可选择性介于文化层面与技术层面之间。制度层面的激励约束方式是企业激励和约束机制系统结构的核心。

3. 技术层面激励与约束机制

技术层面激励与约束方式是指通过各种有效的管理技术性手段和各种技术化的激励约束制度（高可靠度的制度）方式对企业员工进行可靠的激励和强迫性约束方式，以确保被激励约束对象的行为过程与结果"精确化"。这里的"技术"仅指技术所包含的精确、可靠的含义。技术层面激励约束机制方式包括两种途径。第一，通过技术性管理手段激励与约束人的行为，使被激励约束对象的行为过程与结果"精确化"；第二，通过各种有效途径提高激励约束制度执行的可靠性，以实现制度的技术化。技术层面的激励约束机制具有确定性、可靠性、强制性和刚性的特点，对企业员工激励与约束的过程和效果受主观因素影响最小，同时，其所需要的相关监督和控制的成本也最低，但其激励与约束的时效却最短。技术性层面激励约束机制设计的功能主要是提高激励与约束目标（内容）实现的可能性，使被激励约束对象达到“安心而为”的激励效果目标和想违规也“不能违规”的约束效果目标。

激励理论告诉我们，激励力度由激励的目标（或内容）与激励目标实现的可能性两个因素决定。即：激励（约束）力度＝激励（约束）目标×激励（约束）目标实现的可能性。三层面激励约束机制中，文化与制度层面激励约束机制主要解决目标或内容的设计问题，技术层面激励约束机制则主要解决目标实现的可靠性问题。因此，三层面缺一不可。文化性、制度性和技术性三层面激励约束机制从不同的层面激励约束企业员工，分别达到“为义而为、为利而为、安心而为”的三种层次的行为激励的效果目标和“不愿违规、不敢违规、不能违规”的三种层次的行为约束的效果目标。技术层面激励约束方式是制度层面得以可靠实施的保证和基础，制度层面是企业激励约束机制系统结构的核心，又是文化层面得以有效发挥作用的基础保证。企业激励与约束机制的结构化改善是促进中国企业管理现代化的重要途径（徐刚，2002）。

总之，激励与约束既是心理问题、文化问题，也是经济问题和制度问题；既有宏观层次上的也有微观层次上的。有效的激励与约束机制是社会经济发展不可或缺的，是市场经济中非常本质的东西，在有效资源配置背后起根本性作用（钱颖一，1999）。激励与约束是活力的基础，没有有效的激励与约束机制就没有活力，也会导致行为失控。企业财务治理结构的核心是财权配置，而财权配置的更核心的问题便是建立一套激励与约束相容的财务制度或者财务机制，因为激励对人的行为起到发动机作用，约束则起到方向调节和刹车作用，两者缺一不可。

本章参考文献：

1. 李秀荣："论国有企业经营者激励与约束机制的构建"，《山东财政学院学报》，2002 年第 1 期。

2. 卢正惠："论激励与约束"，《经济问题探索》，2002 年第 4 期。

3. 钱颖一："激励与约束"，《经济社会体制比较》，1999 年第 5 期。

4. 道格拉斯·诺思：《西方世界的兴起》，学苑出版社 1988 年版。

5. 徐刚："我国与国外企业激励与约束机制的结构化比较"，《经济师》，2002 年第 10 期。

6. 贾伟强："企业家行为的激励与约束"，《攀枝花学院学报》，2003 年第 4 期。

7. 杨瑞龙、周业安："一个企业所有权安排的规范性分析框架及其理论含义"，《经济研究》，1997 年第 2 期。

8. 刘小玄："现代企业的激励机制：剩余支配权"，《经济研究》，1996 年第 5 期。

9. 周其仁："'控制权回报'和'企业家控制的企业'"，《经济研究》，1997 年第 5 期。

10. 黄群慧：《企业家激励约束与国有企业改革》，中国人民大学出版社 2000 年版。

11. 李旗纲："国企经营者激励与约束机制探讨"，《内蒙古煤炭经济》，2003 年第 4 期。

12. 董淑英、高学敏："市场竞争对企业家的激励与约束功能"，《工会论坛》，2003 年第 7 期。

13. 翁俊山、段文："人力资本激励约束是关键——访清华大学经济管理学院魏杰教授"，《中国证券报》，2001 年 8 月 7 日。

去意徊徨（后记）

午夜的梧桐树下，窗外滴着细雨，岳麓山下春夜的空气，显得格外清新。

这是本人关于财务理论和财务学科体系建设的“结晶”。它历经了我博士、博士后、博士生导师三个阶段，既是我博士论文的基本“内核”，也是我博士后出站报告的基本框架，同时也包含我担任博导期间的“后期制作”，时间达十余年之久。在“后期制作”期间得到了我的博士生张荣武、贺正强、王跃武、梁栋和硕士生曹越同学在行文和观点等方面的“赞助”和支持。

纵观全文，自我感觉本书对财务学具有以下贡献：（1）在经济学界从单纯考虑生产函数向关注“交易”过渡的时候，我率先将产权及交易费用理论引入财务与会计领域，并取得了系统的研究成果，起到了与经济学“平行”研究的效果。（2）在我国市场经济建设初期，当经济界从产权基础的角度大力倡导和培育市场主体的时候，我适时地从财权的角度提出了财务的本质属性，提出了现代企业财务主体确立必须具备与市场主体相匹配的财权特质，并认为财权是现代财务区别于传统财务的根本标志，本人的这一研究思路把握了进入市场经济以来我国财务研究的大局，得到了理论界的认同，使我国的财务学研究开始具有了

“现代”的味道。(3) 本人的研究从本质、主体、职能等理论层面进一步厘清了财务与财政、会计、金融诸范畴的关系，并使财务理论独成体系，提升了财务的学科地位和社会地位。相关研究成果有近十篇被《财政研究》和《会计研究》选用，四篇被《中国会计年鉴》录用，相关论文集《产权会计与财权流研究》被评为湖南省社科成果一等奖和教育部“高等学校科学研究优秀成果”奖三等奖。

每到后记时间总有一些思绪，学术的魅力渐渐地被学校的“申本”大业所取代，心很累。其一是要“应付”日常的行政事务，在其位总该谋其政，虽然我仍然习惯地把开会和坐班看成是耗费生命，但依然难以降低这种必要的“交易成本”；其二要应付大学围墙外的事情，领导、同事、同学、亲戚、朋友，都有事要找你，读书、就业、发文章，事事都让我费心，本无权力（虽然我研究产权和财权的经济属性和社会属性，但依然对权力不感兴趣）的我，成天就介于求人与被求之间，何以脱身？第三，自然就是我最喜欢的“本职”工作——搞研究了，我本来算是搞研究有灵感的人了，但一旦被烈酒、会议和烦心琐事所困，哪有灵感可言？我生活在“行政”、“社交”和“学术”相互矛盾又相互替代的三者的边沿。按照“交易费用”理论，在企业、市场和政府之间，某种单一的安排方式是不会有最佳效率的，交易费用最低的情况将出现在三者权利的相互协调和权利结构的动态均衡上。我正是成天奔波在三者的边沿上动态地“均衡”着，这也许是用来解释我多年来“收益”与“付出”的最好理由。如果把“行政”、“社交”和“学术”三者理解为三维立体数轴，我并未踏踏实实地落在其中的某一轴上，而是悬在其间，游离于其间，哪有不累之理？

谈到学术界，现在已经难以摆下一张清静的桌子了，干什么都是要体现到“关系”上来（这实在与我研究的“财务关系”无关），连研究的方法都在跟风和盲从。“板凳愿坐十年冷，文章不做半句空”，这应是做学问的最佳境界，但现实却恰恰相反了。文章、课题、职称、获奖，几乎都要去“跑”。跑评委甚至跑“当评委”，成了当今学术界除了学术之外的必要活动，大项目大跑，小项目小跑。如此浮躁的氛围，现在能有几人是为学问而学问？又有多少既“清新”而又“干净”的作品？至少本人往下走是不敢自信了！

于是静下心来，拾回十八年前的旧好——书法。十八年前，我只从事会计教学，没有涉足研究领域。就在我把八小时以外的时间用于潜心钻研书法的时候，一本书给了我启示：要想事业取得成功，爱好和专业要一致。如果不一致，要么把专业培养成爱好，要么把爱好变成专业。对我而言，后者显然不太现实。我毅然决定停止所有的“业余”爱好，把专业爱好培养起来。这学问一做就是十八年，一路走来，自我感觉当时的选择还是非常正确的。如今面对喧嚣浮躁的学术界，书法界倒还显得有些清静，以文会友，心无杂念。原来担心这么久没有动过笔，是否会感到陌生，没想到这种担心是多余的：学术造诣的升华，社会历练的磨就，个人性格的成熟，都可以凝聚到书法作品中来。短短的时间就已经大大超出原有的书法境界，真正让我体会到了艺术相通，字如其人的真谛。寻一方净土，与古人同游，似有仙乐在耳，其乐融融矣！

对于我的妻子，除了如以前“后记”一如既往的感激外，这次又添了一份歉疚。在孩子成长时期，我很少带孩子出去练琴、学书法，也几乎没有检查过孩子的作业与功课，更谈不上接送孩子上下学了。只是偶尔在自己高兴和有闲暇的时候陪他们逛逛，但这种时候几乎是微乎其微。

儿子会之，名字取自“综合算之为会，零星算之为计”的会计古语，寓意成就大事，不拘小节，自信向上。今年读高三，正在接受中国应试教育最严厉的“摧残”，不堪重负的他，几年前就写了一篇《说“假”》的文章，立意就是“我们的假期是假的”，表达了对现有教育体制的不满。但没有放弃必要的努力和上进，并做好了勇敢面对高考的准备。作为父辈，从高考中过来，宛如昨昔，不堪回首，除了同情和心痛，只能是鼓励，尽力即可，来日方长，除此别无捷径。

在我的人生道路上，我永远不会忘记我的引路之人：郭道扬老师和郭复初老师，在我攻读博士和博士后工作期间，他们无论在学问上还是在事业上都非常关注我的成长，本书的全部内容就是在他们的指导下完成的，在本书即将付印之际，两位导师又欣然为我作序，令晚辈感动不已。

记得儿时玩过的跷跷板，与同伴起起落落，其乐无穷，却不顾其理。年过四十的我，恍然感悟：均衡点才是“游戏”的最高点，也应是人生的最高境界。四十而不惑，不惑于财，不惑于权，淡然而随流，不亦乐乎？一句“文章千古流，财权一时空”，与诸位同仁共勉前行！

伍中信　记于岳麓山下

2009 年 9 月 30 日